西部开发旅游发展战略

《西部开发旅游发展战略》课题组　著

中国旅游出版社

《西部开发旅游发展战略》
课题组成员名单

领导小组

组　长：魏小安（研究员，国家旅游局规划发展与财务司司长）
副组长：陈泮勤（研究员，中国科学院资源环境科学与技术局副局长）
　　　　成升魁（研究员，中国科学院地理科学与资源研究所副所长）
　　　　费志荣（国务院西部地区开发领导小组办公室经济社会组副司长）
成　员：汪黎明（高工，国家旅游局规划发展与财务司规划资源处处长）
　　　　冯仁国（高工，中国科学院资源环境科学与技术局国土处处长）
　　　　葛全胜（研究员，中国科学院地理科学与资源研究所）

工作小组

组　长：葛全胜（兼）
副组长：陈　田（研究员，中国科学院地理科学与资源研究所）
成　员：徐继填（副研究员，中国科学院地理科学与资源研究所）
　　　　牛亚菲（研究员，中国科学院地理科学与资源研究所）
　　　　吴殿廷（副教授，北京师范大学）
　　　　方修琦（教授，北京师范大学）
　　　　陈远生（副研究员，中国科学院地理科学与资源研究所）
　　　　唐登银（研究员，中国科学院地理科学与资源研究所）
　　　　尹泽生（研究员，中国科学院地理科学与资源研究所）
　　　　席建超（博士，中国科学院地理科学与资源研究所）
　　　　方创琳（研究员，中国科学院地理科学与资源研究所）
　　　　刘家明（副研究员，中国科学院地理科学与资源研究所）

前　言

中国西部地区包括12个省、市、自治区以及湖南省湘西土家族、苗族自治州，湖北省恩施土家族、苗族自治州，吉林省延边朝鲜族自治州，面积约675万平方公里，人口3.65亿。这片广袤的土地，诞生了世界意义的高山、大河、高原、盆地；发轫并繁衍着多元民族、文化、习俗；记录着地球演化的全部过程，书写了中华先民辉煌的历史。优渥的赋存环境，孕育出了举世无双的旅游资源。

适逢我国进入WTO，在国家西部大开发政策顺利实施的背景下，大力发展西部地区旅游业，此其时也。

旅游业是当今世界上第一大产业。统计资料表明，自人类进入工业社会以来，旅游业的发展速度和效益如同人类自身的文明和财富一样与时俱进，一方面逐渐成为一个地区、一个国家社会经济发展达到一定水平之后人类自发的经济现象；另一方面由于其自身具备的"集成性"拉动区域经济发展的产业特点，而成为国际上许多有较好旅游资源潜力的国家和地区经济腾飞的"切入点"和突破口。此外，还因为具备"绿色、无烟、创汇"的特点，旅游业被人类喻为吻合可持续发展理念的"朝阳产业"。

改革开放以来，我国经济持续高速发展，国内，包括西部地区旅游高潮正在形成。2000年全国国内旅游人数为7.44亿人次，人均旅游花费426.6元，全国国内旅游总收入3175.64亿元。可以预期，今后一段时间国内旅游仍可保持年均12%的速度增长。1990－2000年我国涉外旅游稳步发展，接待入境过夜人数增加了近2倍，旅游业总收入翻了4番，年均增长率达到32%，2000年我国涉外旅游收入162亿美元。

与全国同步，西部地区近年来旅游业也呈现了良好发展势头。"九五"期间，西部地区旅游收入增长率为20%，高于全国的平均水平（17%），旅游人数增长率为11%，是全国的2倍多，涉外旅游收入年均增长率为15.27%，也高于全国平均水平（全国为13.2%）。2000年，西部旅游总收入达到了1053亿元，占全国的23%，旅游总人数达到2.1亿人次，其中，接待入境旅游者491万人次（占全国16%），旅游创汇18亿美元（占全国的11%）。

世界旅游组织预测，2020 年全球旅游总收入将达到 2 万亿美元，中国将成为第一大旅游目的地国和第四大游客输出国。

目前，西部地区已开发出观光、度假、会议、考古等 10 余种旅游产品，形成山水风光、文物古迹和民俗风情三大旅游品牌，建立了国家级风景名胜区 43 家（占全国的 36%），全国 4A 级景区景点 57 家（占全国的 30%），优秀旅游城市 25 个（占全国的 20.49%）。但据统计，西部地区目前已开发的景区景点大约占其潜在旅游资源总量的 15%。

另外，根据入境旅游者对东西部旅游资源兴趣的抽样调查发现，入境旅游者对我国旅游资源最感兴趣的分别是山水风光、文物古迹和民俗风情，而这三大旅游资源，西部地区所拥有的品位要优于我国平均水平。

西北区（新疆、宁夏、甘肃、内蒙古、陕西）地域辽阔，大漠广布，风沙地貌典型壮观，历史古迹遗存众多。“不到长城非好汉”已是国际游客的信条，至于“丝绸之路”，其蕴涵的汉、回、蒙、维族的独特风情，以及可让游客实地见证人与环境相互作用历史全貌的特点，也早成为国内外游客魂牵梦系之路。西南区（四川、重庆、贵州、云南、广西）以奇山秀水闻名于世。自然风光秀美旖旎，动植物资源种类丰富，民族风情和文化遗存多姿多彩。长江三峡雄险中外，香格里拉神秘诱人。青藏高原区（西藏、青海）地域高亢，景观奇特，藏文化与茫茫雪原融为一体。神山、圣水，天然、神秘。

大力发展西部地区旅游业是全面落实党中央西部大开发战略决策重要措施。旅游业是一种民间转移支付的有效途径，可以缩小地区差距。西部旅游大发展有利于民族团结、巩固边防。旅游业是促进环境保护与经济发展的双赢产业。大力发展旅游业将促进西部的环境美化和生态建设。

我们坚信，“此其时也”地发展西部地区旅游业是西部地区实现“山川秀美、社会稳定、经济发展”战略目标的正确选择。我们希望，由国务院西部开发领导小组办公室委托的“西部开发旅游发展战略”研究在西部大开发过程中能够发挥积极作用。

该研究得到国务院西部开发领导小组、国家旅游局、中国科学院资源环境科学与技术局的知识创新工程（KZCX2 - SW - SW - 318）、中国科学院地理科学与资源研究所创新经费支持，组织本研究调研工作的有国家旅游局汪黎明和中国科学院成升魁、冯仁国。

参与本研究实地考察工作的有：葛全胜、陈田、唐登银、吴殿廷、徐继填、刘家明、郑艳亭、李小丽。

该书执笔人：第一章，魏小安；第二章，徐继填、尹泽生；第三章，吴殿廷、徐继填；第四章，葛全胜、吴殿廷、徐继填；第五章，葛全胜、徐继填、席建超；第六章，徐继填；第七章，牛亚菲；第八章，牛亚菲；第九章，徐继填、吴殿廷；第十章，陈田、刘家明、方创琳。

书中有关统计数据的核实和图表的制作由徐继填、吴殿廷、张学霞、李小丽等完成。排版由徐继填负责。

全书由葛全胜、徐继填、魏小安统稿。

本书的编写得到了西部12省市、3个地区旅游局的大力支持。

在调研、评审过程中，国家旅游局周梅做了大量的组织工作。

在本书的编写过程中，中国科学院西部办孙惠南，中国地理学会理事长陆大道，云南省旅游局余繁处长，拉萨市副市长赵建安多次参与课题组研讨，并提出了很多宝贵意见。

全国人大常委孙鸿烈院士在百忙之中担任课题评审组组长，吴传钧院士、李吉均院士为副组长，同时担任评委的还有傅伯杰研究员、刘纪远研究员、方福前教授、王恩涌教授、费志荣副司长和饶权处长。

特此表示衷心的感谢!

葛全胜

2003年3月

目　录

第一章　西部旅游发展战略背景

提　要

在过去的50年中，世界国际旅游业从一个无足轻重的产业发展成为举世瞩目的重要产业。

世界经济的新格局已经初步形成。一方面是世界经济国际化的发展，新的经济和技术进步使各国之间的联系更加密切；另一方面是经济区域化的发展，如美加自由贸易区、欧洲统一大市场、拉美一体化市场、东亚太平洋经济圈等。这一背景将对今后的世界旅游业产生决定性影响。

1950年开始至1996年，世界旅游业保持了年均增长7.1%的速度，从1950年接待国际旅游者2500万人次增长到1996年的5.95亿人次，国际旅游收入（以当年价格计算，不包括国际交通）也从21亿美元增加到4250亿美元。2000年国际旅游接待人数达到6.92亿人次，预计2020年全球将接待16亿人次国际旅游者，国际旅游消费将达20000亿美元，国际旅游人数和消费年均增长率分别达到4.35%和6.7%。目前国际旅游人数只占世界潜在旅游人数的7%，其中欧洲为14%，美洲为8%，东亚太为10%，南亚为1%。保守估计，2020年国际旅游人数将达到世界潜在旅游人数的10%。

在未来20年间，世界旅游业发展最显著的特点是远程旅游的增加，洲际旅游的年均增长速度将达到5.4%，高于世界旅游平均增长速度一个百分点。到2020年区域内旅游和洲际旅游的比例将从目前的82:18上升为76:24。

如果把各国的国内旅游收入加在一起，旅游业已经成为世界第一大产业，成为服务贸易的主体性产业，它创造了大量的利润和税收，提供了众多的就业机会，促进了出口，吸引了投资，前景十分辉煌。

加快中西部地区的发展是党中央贯彻邓小平关于我国现代化建设“两个大局”战略思想，面向新世纪所作出的重大决策。这一战略决策将对我国西部地区旅游业的大发展产生极大的推动作用，形成中国旅游业在新世纪发展的又一重大机遇。

国内的政治和经济环境决定了西部大开发战略实施的必要性。从长远发展来看，旅游业必将从新的经济增长点成长为一个地区新的支柱产业，并成为社会发展的动力产业和主导产业，从而为中华民族的全面复兴做出贡献。

一、对旅游的基本认识

旅游活动自古有之。对个人来说，它是短期的特殊生活方式；对社会而言，它是长存的特殊活动过程。但是，旅游作为商品化存在和产业化经营，则是发端于近代，发展于现代，兴盛于长远。

对应于蒸汽机时代的工业经济，旅游商品化的发端是以1840年托马斯·库克组织的第一个旅行团为标志的；对应于喷气式客机时代的服务经济，大规模旅游活动具有了高速发展的现代化特征；而对应于数字化时代的信息经济，旅游活动的兴盛更是不可限量。从运行机制上看，旅游的商品化销售和产业化经营则始终是以市场经济为基础。

(一)人类心理多层次的需求是现代旅游产生的根本原因

工业化社会生活的高节奏需要相应的高情感的补偿，这已成为竞争的必需。远隔自然的生存空间也使人们更加留恋原始纯朴的短期生活，或是新奇的异质文化。求新、求异、求知、求美成为人们更高层次的生理和心理需求，这是现代旅游产生的原因之一，也是旅游消费中既定的心理结构。

(二)旅游活动是旅游者金钱与美好感受的交换过程

20世纪80年代，美国未来学家约翰·奈斯比特(John Naisbitt)提出了一个新的概念，叫体验经济。最近，约翰·奈斯比特访华，在中央电视台做了一个对话节目，他又谈到体验经济，指出体验经济会成为未来经济发展中越来越重要的组成部分。旅游经济在某种程度上就是体验经济，旅游产业就是阅历产业。在旅游活动中买一点纪念品回去，这是体验和阅历的延长，也是体验和阅历的物化的表现。旅游者通过旅游活动，花费的是金钱、时间和精力，最终留下的是回忆，得到的是感受，增长的是阅历。所以，旅游活动也可以说是寻求美妙回忆、良好感受和丰富阅历的活动，这种感受也就必然贯穿旅游的各个环节、各个地点和每一时日。

由于旅游消费的特点，旅游花费就成为弹性非常大的消费，从而也为经营者留下了广阔的活动空间，使之在最大限度满足旅游者合理需求的基础上，扩大现有需求，诱发潜在需求，创造新的需求。这一过程是经营水平不断提高的过程，也是经济效益自然增长的过程。在这一过程中，经营和服务都成为艺术，会花钱与会赚钱、巧妙地花钱与巧妙地赚钱结合起来，供给与需求各得其所。

（三）旅游的商品化特征决定了其竞争的性质

跨地域的旅游活动和跨区域的旅游经营，本身就要求一体化的市场和充分的空间，这是旅游商品化销售和产业化经营的前提。在相对封闭的计划经济条件下，也可以有一些自费旅行团，但与旅游发展的本质貌合神离。因此，在开放性的竞争环境下，只有两种前景，或转制而发展，或固守而消亡。而在现代经济生活中，旅游的跨地域性质就意味着高度开放性、外向性和全方位的竞争性。对国际旅游经营而言，是世界性的竞争；对国内旅游经营而言，是全国性的竞争；对旅游企业而言，则是全方位的竞争。

（四）旅游业是多种产业的综合体，协调发展才能发挥其优势

旅游业是综合性很强的产业，它要求社会各个方面密切配合，高度协调。这实质上是对社会各方面资源优化配置的要求，要想达到这一目的就只有通过大规模多方位的等价交换才能实现，这就要求必须具有充分发育的市场体系。在短缺经济时期，由于旅游的综合性特点使之成为旅游业发展的主要制约因素，而在国民经济新的发展阶段，它已经转化为旅游发展的优势，即旅游业可以凭借巨大的市场空间，充分发挥综合性特点，全面拉动经济、社会、文化等各个方面的发展。

（五）旅游业是依托性很强的产业，其拉动效应可以影响全社会

在国民经济的产业链条上，服务经济始终处于下游产业的位置，具有一定的依托性。而旅游业的依托，不仅凭借的是旅游资源的优势，更重要的是依托工业、农业、交通运输业和市政基础设施的发展，实质上是以国民经济总体的相对发达或高度发达为依托，以经济发达作为结果，其关键性原因是市场经济体制的发达。有依托就会产生需求，旅游业在满足旅游者最终需求的同时，也在不断生产出巨大的中间需求，并通过其综合性特点的发挥，形成放大的投资乘数效应和需求拉动效应，从而影响全社会，覆盖全社会。

（六）旅游业是敏感性和弹性很强的产业

旅游业的敏感性原来被称为“脆弱性”，即由于影响其发展的因素很多，碰到重大或突发事件后波动较大。应该看到，在经济全球化的总体背景下，在对外依存度越来越高的今天，任何一个行业都不可能封闭发展，都势必会受到多方面的影响而波动。不过,旅游需求反应快,反弹也快,旅游业在亚洲金融危机后很快复苏就充分证明了这一点。原因在于,旅游需求已经成为人民生活中的要素之一,即使受到影响,其效果或是短期的,或是局部的,因为旅游市场是巨大的,并有无限的发展空间。这也是旅游业在新世纪的根本优势和长久优势之所在。

无论从旅游需求还是从旅游供给方面来认识,都可以看出,旅游经济的产生是以市场经济为前提的,旅游经济的发展是以市场经济为条件的。1840～1950年的110年中,旅游虽然开始了产业化经营,但并没有得到大的发展,而在第二次世界大战后的50多年中,世界旅游业却发生了翻天覆地的变化,这正是在此期间的市场运作,旅游业的特质和适应性被充分地表现出来所致。

二、世界旅游业的竞争与发展

(一)发展过程

在过去的50年中,世界国际旅游业经历了起步、发展、腾飞、成熟四个阶段。旅游业从一个无足轻重的产业发展成为举世瞩目的重要产业。

在过去50年的发展过程中,世界旅游经济的发展与世界经济的发展息息相关。从1950年开始,世界经济从二次大战的废墟中复苏,20世纪50年代中期到70年代中期,西方经历了整整20年所谓"黄金时代",经济发展与新技术革命浪潮融合在一起,其间虽然也经历了若干次低谷甚至危机,但从总体上看,西方经济有了巨大的发展。这就从供给和需求两方面刺激和推动着旅游业的大发展。经济发展既是旅游业发展的基础,又是旅游业发展的条件和诱因。所以,世界旅游业发展的阶段也与世界经济的发展阶段大体吻合。尤其是70年代的腾飞阶段,即1970～1980年的10年间,年均增长率高达19%,旅游收入翻了两番半,10年净增844亿美元,使战后的世界旅游业跃上了一个大台阶,也为80年代的进一步发展奠定了雄厚的基础。就一般产业而言,成熟意味着发展的稳定,而对于旅游业来说,成熟则意味着更大的变化和不断的更新。旅游业作为一项综合性产业,也综合了一切消费的新潮流和消费趋向。

20世纪80年代初期,旅游业面临的是世界经济的衰退,无论是发达国家还是发展中国家都产生了经济紧缩,从而导致旅游的需求突然下降,世界国际旅游业在激烈的动荡中发展,第一次出现了负增长,1982年同1980年相比,增长率下降了28个百分点,这在战后旅游业的发展历史上是空前的。20世纪80年代中期,又遇到了1987年10月的西方股市风潮,增长率又开始下滑,但波动幅度却要小得多。总之，大波动构成20世纪80年代世界国际旅游业的主旋律，但旅游业仍然在困难的环境中重新崛起，取得了令人瞩目的成绩。1990年和1980年相比，收入总量翻了一番多，净增1276亿美元。旅游业就是在这一过程中形成了越来越强的应变能力。

进入20世纪90年代以来，世界旅游业保持了旺盛的发展势头，充分显现了旅游业在世界范围内的勃勃生机。

在发展过程中，旅游业呈现了一个突出的规律性现象，即双重加速现象。如前所述，社会发展和经济增长本身即显现了加速度的趋势，而在发展过程中，各类产业又有所不同，作为上游产业的工业经济相对稳定，作为下游产业的服务经济则加速发展，处于产业链条终端的新兴产业则更进一步加速。这既是产业结构调整的纵向传递过程的结果，也是产业依托的一个横向积累过程的结果。

（二）发展特点

现在，国际旅游市场又出现了不同于其他年代的新特点。

第一，旅游消费向着个性化、多样化方向发展，大众性和娱乐性越来越强，消费者的参与也越来越多。

第二，旅游供给水平已跃上了一个新的台阶，除了已经形成的数量基础之外，计算机的普及使预订系统形成世界网络；交通便捷使环球之内朝发夕至；信用卡通行世界；入出境手续日益简化。这四个方面的发展给旅游者提供了更为方便的条件，信息的通畅和信息量的集中可以使旅游者更加方便地组织安排全部旅游活动，旅游消费者的自由度大为增加了。

第三，国际旅游市场竞争越来越激烈，经营管理水平在竞争中日渐提高，供给项目越来越多，内容越来越丰富。

第四，旅游业在世界经济中的地位不断提高，也使得更多的国家加入竞争行列。它们大力开发本国旅游资源，建设旅游设施，以吸引更多的客人。在3000多亿美元消费额的国际旅游市场上万商云集，竞出新招。供给者的增加，供给数量和质量的提高，满足了即期的需求，诱发了潜在的需求，并且创造了新的需求。

综上所述，在发展过程中，世界旅游业已经形成了规模大、波动大、反弹快、竞争激烈的鲜明特点。需求与供给互相促进，互为条件，共同发展，在保持加速度的动态中追求质量的提高，是对旅游业今后发展的进一步要求。

(三)国际化趋势

如果说在过去的10年间我国旅游业完成了事业型向产业型的转变,那么,在未来的10年间我们应完成从产业型向国际型的转变。中国旅游业的国际化发展是历史和逻辑的必然,在20世纪80年代谈国际化几乎是空想和奢望,现在来看不仅具备了基础和条件,也已经有了一批现实的案例。国际化趋势是国际化竞争的需要:一是在海外设点创业,可以就地扩大宣传,增加影响,招徕客源;二是中国公民出国旅游的发展使建立海外接待体系成为现实需要,也提供了可能;三是香港和澳门回归开拓了一个新的空间,一方面是可以搭车,在香港和澳门旅游企业国际化发展过程中搭车,尤其是在两地中资旅游企业的发展过程中搭车;另一方面是以香港和澳门为跳板,实现向国际化发展的过渡。这就要求决策者要有国际型的眼光、国际型的决策,遵循国际惯例并培养和使用国际型复合人才。国际化发展将开拓一个新的广阔的空间,使中国旅游业全面进入国际分工,并在分工中升级。旅游业国际化的总体目标是不但要培育全国性跨区域的大型旅游集团,还要进一步培育中国的跨国旅游公司。而这一目标的实现,首先有赖于全面实施新时期的旅游发展战略体系,在这个历史过程中达到集约型经营、质量型竞争、效益型发展,使中国旅游业为中国经济和社会的发展,为世界旅游业的发展做出更大的贡献。

三、新世纪世界旅游业的展望

(一)发展背景

处于新世纪,世界经济的新的总体格局已经初步形成,一方面是世界经济国际化的发展,新的经济和技术进步使各国之间的联系更加密切。最突出的标志就是世界贸易组织。这标志着在世界范围内市场经济体制的确定和运行规则体系的逐步完善,是世界各国的共同选择。另一方面是经济区域化的发展,美加自由贸易区、欧洲统一大市场、拉美一体化市场、东亚太平洋经济圈等等,这些背景将对今后的世界旅游业产生决定性影响。

从经营角度看,跨国公司的进一步发展具有必然性,“无国界经济”的影响越来越大,在成本最低的地方生产,在售价最高的地方销售是一种必然的选择。加上金融市场的国际化、非实物经济迅速膨胀,利率、汇率、通货膨胀率的起伏变化,都将使今后的世界经济更加动荡,也更加充满活力。

与之相适应的是今后的消费趋势走向,美国《幸福》杂志提出消费者将集中追求5个目标:时间、质量、健康、环境、家庭。人们节约时间是为了丰富生活;追求质量意味着提高生活质量;追求健康是为了进一步享受生活;人们不但寻求在物质上的满足,也寻求在精神上回归自然的感觉,包括寻求优美环境,保护现有环境;家庭不仅早已超越了生产单元的概念,也超越了消费单元的概念,而成为心神向往的文化单元。可以说,能同时满足这5个目标的最佳消费领域就是旅游活动,但不完全是传统意义上的旅游,因此,要求旅游业经营者发挥创造力,不断开辟新的天地,满足消费者不断增长的消费需要。

(二)旅游业的产业前景

世界经济的总体格局和经营趋向、消费趋向的种种因素不断变化且相互交织,共同作用于世界旅游经济,也将导致世界旅游业产生一系列变化,旅游业将在新的变化中发展,在新世纪中体现新的姿态。

旅游业是一个新兴产业,在发展过程中形成了一个规律性的现象,即世界国际旅游业始终以高于世界经济近一倍的速度增长。按照世界旅游组织的资料,从1950年开始至1996年,世界旅游业保持了年均增长7.1%的速度,从1950年接待国际旅游者2500万人次增长到1996年的5.95亿人次,国际旅游收入(以当年价格计算,不包括国际交通)也从21亿美元增加到4250亿美元。20世纪90代初世界经济衰退,但世界旅游业却仍以年均4.4%的速度持续增长;1997年发生的亚洲金融危机对世界旅游业虽然产生了一定影响,但很快得到了恢复;表明在经济衰退和波动时,旅游业具有相当强的抵御风险和恢复能力。预计到2020年,全球将接待16亿人次国际旅游者,国际旅游消费将达20000亿美元,国际旅游人数和消费年均增长率分别为4.35%和6.7%,远远高于世界经济年均3%的增长率。从市场潜力来看,国际旅游人数只占世界潜在旅游人数的7%,而欧洲目前为14%,美洲为8%,东亚太为10%,南亚为1%。国内旅游方面,发达国家的国内旅游业已经趋于饱和,国内旅游发展最快的是亚洲、拉丁美洲、中东和非洲,从1995~2020年,国内旅游和国际旅游人数比例将保持在10:1、消费比例将保持在3:1或4:1的水平。从发展过程来看,2000年国际旅游接待人数达6.92亿人次,2010年将达10亿人次,2020年将达16亿人次,1995~2020年世界国际旅游业的年均增长率是4.3%,其中2000~2010年为4.2%,2010~2020年为4.4%。在未来20年间,世界旅游业发展最显著的特点是远程旅游的增加,到2020年区域内旅游和洲际旅游的比例将从目前的82:18上升为76:24,未来20年洲际旅游的年均增长速度将达到5.4%,高于世界旅游平均增长速度一个百分点。

如果把各国的国内旅游收入加在一起，旅游业已经成为世界第一大产业，成为服务贸易的主体性产业，它创造了大量的利润和税收，提供了众多的就业机会，促进了出口，吸引了投资，前景十分辉煌。

(三)未来20年间影响世界旅游业的主要因素

按照世界旅游组织的研究结果，未来20年间影响世界旅游业的主要因素为十大类。

1. 经济因素

(1)全球经济保持适度的增长水平；

(2)亚洲经济的增长要高于全球经济平均增长速度；

(3)新的经济大国的崛起，如中国、印度、巴西、印度尼西亚、俄罗斯；

(4)富裕和贫穷国家的距离进一步拉大；

(5)货币的兑换更加方便。

2. 科学技术因素

主要是信息技术与交通技术的发展。

3. 政治因素

国际旅游的障碍消除，在交通和其他方面更加自由化。

4. 人口因素

主要表现在人口的老龄化，发达国家劳动力增加，从南至北的移民增加与传统的西方式家庭的瓦解。

5. 全球一体化

全球经济和市场的发展使各国之间经济交往增加，各国的管制放松，全球经济更趋于一体化。

6. 地方化

(1)发展中国家现代化和地方文化的冲突；

(2)一些道德宗教和社会团体要求得到社会公认并取得自己相应的权利。

7. 社会—环境意识

一方面要加强公众对社会文化和环境的保护意识，另一方面要使新闻媒体对一些主要环境问题(如水资源减少)进行大力的宣传和报道。

8. 生存和工作环境

发达国家和发展中国家特别是发展中国家城市的拥挤。

9. 从服务性经济向经历性经济的转变

服务行业的重心向能够提供消费者直接参与的独特经历转变。

10. 市场营销

运用最新的科学技术展示自己，并向各个细分市场进行促销。

所有这些因素都将造成旅游市场和旅游者口味的多级分化，因此，无论是大规模的主流企业，还是小规模的个体旅游企业都将有大的发展空间。

（四）竞争与发展

由此来看，在世界商品贸易、服务贸易和技术贸易的各个市场上，国际旅游市场将会成为竞争最激烈的市场之一。因为在其他市场上，发达国家与发展中国家的分野比较鲜明，已经形成产业垂直分工体系，竞争也分层次，范围较窄，而旅游市场则是各国都可以一展身手之处。因此，各国都在扬长避短，集中优势力量，展开竞争。从目前状况来看，竞争的态势越来越清晰，发达国家与发展中国家的差距正在拉大，在国际市场上，开始出现了以发达国家为主导，发展中国家处于不利地位的总体格局。从产品种类来说，发展中国家提供的主要是开发度低的资源性的"初级产品"，而发达国家提供的则是高附加值的"精加工"产品；在技术分工中，发展中国家大多数仍被置于"垂直分工"链的次要地位，难以与发达国家"水平分工"；在市场份额上，也始终是少数发达国家占有量大，而多数发展中国家只能争夺少数份额。这是过去、当前也是今后一段时期的现实。形成这种现象的重要原因之一是由于国际旅游的消费主体是发达国家的国民，"需求导向"重心必然倾斜于发达国家，迎合西方消费者的旅游需求；二是因旅游发展水平的不同，发达国家自身的旅游供给系统较为完备，管理技术和服务水平也高；三是一些主要发达国家的文化具有较多的共同性，相互之间语言、习俗等方面的障碍小，从而提高了其在国际旅游市场的竞争性。

与其他商品市场所不同的是，发展中国家的旅游业，在国际市场上发展的潜力很大，发展条件较为机动，发展手段较为多样化，因此有可能较快地改变目前的这种现实，而逐步与发达国家平分秋色。国际间对外贸易形成和发展的基本依据是比较利益原则，即一个国家所生产的成本最低和资源拥有量最丰富的商品必然是在对外贸易中比较利益最大的商品。商品经济的一般发展过程是从劳动密集型产品向资金密集型产品和技术密集型产品的过渡，正是在这一过程中形成了发展阶段和分工的不同梯次。而旅游业由于其综合性特点，融三种密集产品为一体，同时又是各个阶段并存的行业，但以劳动密集为基础，所以，处于不同发展水平的国家都可以在其中找到自身的位置和发展余地，参与竞争。由于市场开发范围较广阔，贸易壁垒小，自然科学技术影响程度相对也低，发展中国家的旅游资源与劳动力资源较丰富，这些都有利于发展中国家旅游业的扩展。对旅游者来说，旅游消费的实质是文化性消费或消费文化，其中，文化的同质性是一个方面，而更重要的一个方面在于文化差异。一般来说，对旅游服务设施的要求是以同质文化为主，而对旅游吸引物的要求则是以异质文化为主。文化差异形成吸引力，所以一切文化的载体都能形成旅游吸引物，而许多文化是特定的，无可替代。对于许多发展中国家来说，这些方面都是得天独厚的，具有垄断性。

国际旅游市场的现状和发展变化趋势，必然促使旅游业在世界范围内成为竞争最激烈的领域之一，也对各个国家提出了越来越高的要求，形成严峻的挑战。尤其是对于发展中国家，如何扬长避短，制定符合国情、适合竞争需要的发展战略和相应的对策，形成惟我独有的垄断性、创新性并存的产品和服务体系，以吸引更多的旅游者前来消费，是首先需要解决的重要问题。

目前，各国的旅游竞争已经成为一个完整的体系，即以企业竞争为基础，以联合竞争为主体，以国家直接参与和组织竞争为龙头，形成了举国竞争体制。对外的举国竞争必然要求国内竞争要有序化和机制完善化，因此，管理要素在其中发挥的作用也越来越大。不仅是企业管理的微观性要素要在竞争中发挥越来越大的作用，政府的宏观管理要素也日益突出。比较通行的做法一是增加投入，二是组织国家级的大型活动，三是全面调整企业结构，加强对运行秩序的调控，加强质量和形象的提高。这些是隐藏在企业竞争表象后面的深层次要素，但却更具有根本性的意义。目前，这些作用尚未充分体现，其意义尚未完全被人们所认识、理解和重视，因此，还很难形成举国竞争的体制，其结果将对旅游业的发展形成致命的影响。

（五）世界旅游业的持续发展给中国旅游业带来的机遇

一是国际旅游市场总量不断扩大，发展速度持续加快，尤其是洲际旅游发展速度快上加快，使我们有可能持续吸引远程主要客源市场，这样的市场总量和发展速度应该说是比较乐观的，这是中国旅游业在新世纪大发展的重要基础性条件。

二是世界旅游的一体化发展。世界旅游的一体化发展呈现了两个方面：一个是同质的方面，主要体现在对旅游接待设施，旅游交通基础设施，城市自然环境的国际化、现代化和标准化的要求；另一方面就是异质的方面，这种异质性体现在对文化性的要求越来越突出,要求旅游经营内涵的民族化、历史化、个性化。这两个方面共同构成了世界旅游发展一体化的格局,这就要求中国旅游业在设施上越来越国际化的同时,在经营内容上要越来越民族化。

表1-1　2020年世界十大旅游目的地

国家或地区	接待旅游者人数(万人次)	占世界市场份额(%)	1995~2020年增长率(%)
1. 中国	13710	8.6	8.0
2. 美国	10240	6.4	3.5
3. 法国	9330	5.8	1.8
4. 西班牙	7100	4.4	2.4
5. 中国香港	5930	3.7	7.3
6. 意大利	5290	3.3	2.2
7. 英国	5280	3.3	3.0
8. 墨西哥	4890	3.1	3.6
9. 俄罗斯	4710	2.9	6.7
10. 捷克共和国	4400	2.7	4.0
总　计	70880	44.2	

资料来源:《新世纪　新产业　新增长》。

表1-2　2020年世界十大客源国

国　家	出境旅游人数(万人次)	占世界市场比例(%)
1. 德国	16350	10.2
2. 日本	14150	8.8
3. 美国	12330	7.7
4. 中国	10000	6.2
5. 英国	9610	6.0
6. 法国	3710	2.3
7. 荷兰	3540	2.2
8. 加拿大	3130	2.0
9. 俄罗斯	3050	1.9
10. 意大利	2970	1.9
总　计	78890	49.2

资料来源:《新世纪　新产业　新增长》。

三是国际竞争国内化,国内市场国际化。在对外开放的过程中,各个大的跨国旅游集团已经纷纷进入中国市场,形成了在国内进行国际竞争的局面,中国加了WTO后,这一局面愈演愈烈。由于外国集团的介入,就势必形成国内市场国际化的局面。这两个趋势的形成为国内旅游业提供了借鉴国际经验,提高产业素质的机遇,中国旅游业也会在这一发展过程中逐步把握国际竞争的主动权。

四是国际旅游市场的培育和发展将会在很大程度上拉动国内旅游需求的发展。随着市场机制的完善,市场竞争的加剧,旅游的供给水平将会越来越高,旅游需求会更加细化,针对性的细化产品也会越来越多,这样的发展态势不仅适应了现实的国内旅游需求,也会刺激潜在的国内旅游需求,从而达到引导需求,创造需求的目的。

在旅游发展方面,世界看好中国,中国也看好世界,世界旅游组织进行专题研究后形成的结论是:到2020年中国将成为世界第一位最大的旅游目的地,同时到2020年中国也将成为世界十大客源输出国之一,居世界第四位。

四、中国新时期的旅游发展战略

旅游经济发展战略是涉及旅游全局性和长远性发展的根本问题,形成科学的明确的发展战略就把握了发展的主动权,并可以由此衍生出一系列的政策和工作部署,从而促使旅游业快速、持续、健康发展。因此,发展战略自然成为旅游发展规划的重要组成部分。

(一)中国早期重要的旅游发展战略

“七五”期间,面对中国旅游业蓬勃发展的大好局面,迫切需要开展对旅游发展战略问题的研究,以推动这一新兴产业长远发展。在国务院主管领导的提议下,中国旅游经济发展战略课题被列入国家“七五”哲学社会科学重点课题。在中国著名经济学家、国务院发展研究中心孙尚清主任的主持下,课题研究取得了丰硕的成果,并在实践中发挥了积极的作用,对中国旅游业“八五”和“九五”期间的发展起到了重要的指导作用。这项课题研究的核心成果可以概括为三句话:一是经济产业,这是第一次在高层次上明确旅游业的性质;二是永远朝阳,用通俗易懂的语言描绘了旅游业发展的广阔前景;三是适度超前,明确了下一步发展的总体方针。课题的总体成果就是围绕着这三句话,尤其是围绕着适度超前的主导战略进行深化和展开,形成了包括战略目标、战略重点、战略性思路和落实战略的对策体系的一套完整的发展战略思想。

(二)新时期中国旅游的发展新战略

随着近年来中国旅游活动的规模迅猛扩大和旅游业在国民经济中产业地位的不断提高,要构筑21世纪旅游发展的宏伟目标,需要针对新的历史阶段,进一步发展、提高和完善旅游发展新战略。新时期旅游发展战略的指导思想是全面赶超,即中国要赶超世界旅游先进国家,国内旅游后进地区要赶超先进地区。这两个赶超靠什么?如果继续重复世界旅游强国已经走过的道路,照搬他们的发展模式,我们就很可能始终处于追赶的状态而很难达到超越的目标。要做到全面赶超,就要靠新的思路、新的模式,达到新的发展。由此可以把新时期的旅游发展战略概括为新的三句话,即:动力产业,质量为本,全面创新。

1. 动力产业

动力产业的提出是对旅游业在新时期发展优势的新认识,即旅游业已经不仅仅是经济产业,而是在经济和社会发展过程中具有多功能、全方位推动作用的动力产业。表现在两个方面:一方面,是旅游业的自身能动作用,它的发展具有三方面的优势:

(1)入境旅游的发展形成了“四个就地”的效益,即入境旅游是就地出口风景,就地出口劳务,就地出口商品,就地出口文化,这“四个就地”一方面可以使我们现有的各种资源得到优化组合,以比较低的成本获取比较高的效益,另一方面可以使我们避免或减少国际货物贸易中的种种壁垒,谋求更大的发展。

(2)国内旅游的开发形成了“四个转化”的效益:一是可以把现存的无效资源转化为有效资源;二是进一步把有效资源转化为高附加值的产品;三是把创新的旅游产品转化为市场的有效需求;四是把有效的市场需求转化为旅游企业的经营效益。这个转化过程是对各类社会资源重新优化、组合,不断提升完善的过程,也是旅游业的功能和作用全面体现的过程。

(3)在实际发展过程中,除了规模的扩大和增量的调整所起到的作用之外,旅游业还实现了四个层次的交流。一是实现了国际之间的交流,改变了国际间的财富分配比例;二是实现了产业之间的交流,改变了产业结构的比例;三是实现了城乡之间的交流,实质上是完成了又一次国民收入的再分配;四是实现了地区之间的交流,也是各地财政收入的再分配,是货币与资源的再交换。

另一方面,旅游业的发展对经济和社会的发展起到了多功能、全方位的推动作用：

（1）一流带动，八流竞先。在交流过程中，以游客流为载体形成了服务流和物料流，带动了资金流和人才流，拉动了信息流和商务流，创造了文化流和科技流。流动规模越大，流动频率越高，越能体现出旅游发展的意义和对各地经济发展的推动作用。

（2）一点为主，六点并进。在发展过程中，对应旅游业作为国民经济新的增长点，会形成一点为主，六点并进，全面推动现代化的格局。即以经济增长点为主，同时形成社会发展点、环境优化点、区域协调点、国际合作点、文化促进点、生活质量点。从长远发展来看，随着旅游业从新的经济增长点成长为新的支柱产业，自然形成以经济功能为主，多种功能并进的良性发展格局，从而在建设旅游强国的过程中为中华民族的振兴起到更大的作用，真正成为发展的动力产业。

2. 质量为本

中国的旅游业要实现20年翻三番的持续倍增目标，要求旅游业的发展首先要形成数量的扩张，只有不断壮大产业规模，才能适应不断增长的海内外需求。这种扩张从两个方面体现出来：一方面是新设施、新产品的不断投产，另一方面是老设施、老产品不断提高效能。同时，行业内部的各种要素需要加以充分利用和进行优化配置与结构调整，这就要求我们在发展战略上必须强调以质量为本，才能不断适应发展的需要。还可以从以下三个方面，说明旅游业的发展为什么要以质量为本。

（1）发展的目的。旅游产业发展的目的是为了不断适应广阔的海内外市场需求，推动社会经济的发展，发展的最终目的是使旅游成为人民群众的生活要素，并以此提高广大人民群众的生活质量。旅游需求是综合性需求，范围广，分层次，不同系列的产品组合形成不同系列的价格组合，不可能要求每一个系列都是高档次的，但是每一个系列在相应的价格水平内都应该是高质量的，尤其是高文化品位的，这样才能适应旅游品位不断提高的市场需求，也才能满足人民群众生活质量不断提高的要求。

（2）竞争的焦点。旅游业的市场机制已经全面建立，又面临着激烈的海外竞争。在发展过程中，竞争的焦点会逐步从基础的和原始的价格竞争转向高层次的质量竞争，在竞争的过程中也会不断产生优胜劣汰的现象，甚至是最优淘汰较优的新局面。这样，在发展之初，尤其是在夯实旅游发展基础的阶段，突出以质量为本，就可以在一定程度上减少不合理的重复建设，减少资源的浪费，通过政府的主导作用和市场机制的基础性作用，把资源集中到更高质量的，更适应市场需求的产品和服务上来。

(3)产业的提升。从当前旅游发展的总体情况来看，中国虽然在旅游接待人数和国际旅游收入方面已经位居世界前列，发展成为令世人瞩目的亚洲旅游大国，但旅游产业还处于粗放型增长阶段，资源开发水平和利用效率低，旅游企业效益不理想，人均产出不高，旅游接待质量差，产品开发能力和市场促销能力与发达国家相比还有明显的差距，因此，还远远称不上是一个旅游强国。一般来说，规模为大，质量为强，效益为优，而质量为强的最终体现是在市场的竞争力上，要从亚洲旅游大国发展成为世界旅游强国，必经之路是不断提高质量，不断提高竞争力，因为旅游强国的核心就是高质量。今后中国旅游的目标就是要大幅度地提高旅游的综合竞争力。

从宏观来看，对旅游业总体发展质量的要求，是产业提升追求的总目标。从微观来看，则要不断地改善和提高各项产品质量与旅游企业的服务质量，完善服务设施，增加服务项目，确定合理的服务价格，树立全面的服务观念，不断提高服务技术和服务效率，在全行业形成良好的服务态度。

3. 全面创新

江泽民总书记指出，创新是一个民族进步的灵魂，是国家兴旺发达的不竭动力。树立创新意识对于发展旅游业显得特别重要，旅游经济是特色经济，没有特色就无法在市场上树立影响，没有特色也不可能吸引客人前来旅游，而特色就需要有充分的创新意识，做到人无我有，人有我优，人优我精。中国旅游业在长远发展中要实现两个赶超，实现跨越式的发展，关键是要有新认识、新思路、新办法，在长期发展过程中，我们必须坚持全面创新的主导方针，只有这样，才能做到事半功倍，真正发挥后发优势，后来居上。

(1)产品创新。现在全国各地发展旅游业的积极性都很高，世界各国发展旅游业的积极性也很高，所以在旅游市场上竞争十分激烈。一个地区的旅游产品要赢得市场，必须有独到之处，必须要有精品，这就要求经营者必须要有创新意识，不能照抄别人的思路，不能用旧的思维来考虑问题，指导工作。要立足本地资源，精心搞好策划，使旅游产品有高起点、高要求、高水平。从发展趋势看，没有可观赏性，没有特殊性，没有参与性和文化内涵的旅游产品是难以吸引游客的。旅游产品的开发和旅游景区点的建设是百年大计，策划第一，策划好了才能有好的规划，才能有高水平的建设，才能有全新的管理和服务，才能建立起一个完整的创新发展体系，才能赢得市场，取得良好的效益。

(2)市场创新。发展旅游经济有两个重要环节:一是要把旅游资源变成旅游产品,二是要把旅游产品变成商品推向市场,这两个环节缺一不可,功夫少了也不行。因此,在市场宣传促销上要全面创新,以新产品为基础,以新形式为手段,以新渠道为延伸,不断取得新成效。

(3)管理创新。一是宏观管理,要通过政府管理职能的转变和机构的改革,研究和创立在社会主义市场经济条件下新的管理方式和工作方式。二是微观管理,要通过全面推行现代企业制度,构造微观运行基础,改进运行的质量,提高运行的效率。如果企业只满足于现状,总有一天会在激烈的市场竞争中败下阵来。

(4)知识创新。新兴产业需要新的知识体系,新的知识体系要通过不断的知识创新逐步形成。在数字化革命的浪潮面前,传统的经营方式和管理方式虽然仍是运行的基础,但是已经远远不能适应发展的需要。因此,要构筑国家旅游科学创新体系,全面推动旅游增长。

(5)人才创新。新兴的产业需要新型的人才,新型的人才首先需要有强烈的创新意识,其次需要有新型的知识结构,第三是要形成人才群体,最重要的是要形成人才创新的内在机制。

总之,要在今后 20 年的长远发展中树立全面创新的主导方针,通过全面创新推动旅游业的全面发展。要全面抓住机遇,应对激烈竞争的挑战。在发展过程中,动力产业是发展战略的基础,质量当先是发展战略的核心,全面创新是发展战略的主导,由此形成新世纪旅游发展战略框架。在国民经济"三步走"的总体发展过程中,对应于解决温饱达到小康的目标,旅游业实行适度超前的赶超战略起到了主导性的作用;现在中国已经处于提前进入小康追求中等发达这一新的发展过程,旅游业也进入了一个新的时期和新的发展阶段,对应于这一个阶段,旅游业就应该实行全面创新、全面持续的赶超战略。

五、西部开发与旅游发展

1999 年 6 月,江泽民总书记在考察大西北时,代表党中央提出了西部大开发的战略决策,在九届人大三次会议的政府工作报告中朱镕基总理又进一步阐明了实施西部地区大开发战略。加快中西部地区的发展是党中央贯彻邓小平关于我国现代化建设"两个大局"战略思想,面向新世纪所作出的重大决策。实施这个重大决策是一项系统工程和长期任务,既要有紧迫感又必须统筹规划,突出重点,分步实施,防止一哄而起。这一战略决策将对中国西部地区旅游业的大发展产生极其巨大的推动作用，形成中国旅游业在新世纪发展的又一重大机遇。

（一）西部大开发，旅游要发挥主导作用

在西部地区蕴藏的各种资源中，旅游资源是最丰富，也是最容易开发和见到成效的，西部大开发的战略将促进西部地区将旅游资源优势更快地转化为产业优势和经济优势。

旅游业是第三产业中的主导产业，可以为加强第一产业和提高第二产业提供服务。尤其是在西部地区，农业、工业相对落后，发展的难度甚大，而以旅游业为龙头，拉动相关产业的发展，不失为一条可行的发展途径。

中央领导同志指出要把西部大开发同实现第三步战略目标结合起来，把国家对西部地区的支持同发挥市场机制的作用结合起来，把加快西部经济发展同促进社会进步结合起来，把开发和开放结合起来；旅游业作为国际市场和国内市场的结合部，作为经济发展和社会发展的结合部，作为物质文明建设和精神文明建设的结合部，作为开发和开放的结合，作为市场机制和政府主导的结合，在方方面面都能够大显身手。总之，西部大开发是世界开发史的壮举，更是中国的世纪工程，西部大开发首先有条件取得突破的产业应该是旅游，这个产业的带动面很大，旅游经济的覆盖面也比较大，对于带动城市经济、农村经济和牧区经济的发展都将产生积极影响，所以说，抓旅游工作也是抓西部的城市工作和农村工作，旅游业的突破也必将推动西部大开发战略的实施。

（二）西部旅游业要实现大发展、大跨越

国务院已经明确了西部大开发要集中力量抓好五个方面的工作，这五个方面都是西部地区发展的薄弱环节，也正是制约西部地区旅游发展的瓶颈，因此每一个方面工作具体措施的实施都必然地推动西部旅游业的大发展，实现大跨越。

一是加快基础设施建设。可以从根本上解决西部地区旅游开发的可进入性问题，使西部地区的旅游资源迅速转化为产品，并随着基础设施建设的完善，逐步向精品方向发展。

二是切实搞好生态环境保护和建设，再造秀美山川。西部地区旅游发展的自然环境始终是制约西部地区旅游总体发展的重要制约因素，环境的改善可以直接推动西部地区的发展。通过大力开展植树种草，加大长江上游、黄河上中游天然林保护工程，实行退耕还林还草等项措施，使西部的生态环境得到恢复;同时,旅游产业又是产业调整的一种最好的替代方式,通过以游山替代炸山,以护树替代砍树,可以使生态环境的保护长久地维持下去。

三是西部地区着力发展有自己特色的优势产业。目前西部地区各个省份都已经把旅游业明确为西部大开发的优势产业,这一定位是产业之间相互比较的结果,也是长远发展的选择。因此,明确优势产业将带来一系列的政策力度和工作力度,极大地推动西部地区旅游业的发展。

四是大力发展科技和教育。知识创新和人才创新能力大小,也是制约中国旅游业总体发展和长远发展的关键环节,要从根本上提高西部地区旅游发展的国际竞争力和在国内各省市之间的竞争力,形成新的形象,必须依靠科技的进步和人才的培养,创造优良的创新环境。

五是进一步扩大对外开放。大开发要求大开放,促进大发展。旅游业是对外开放的窗口,进一步扩大对外开放也会全面推动西部地区旅游产业的升级换代,不仅在规模上而且在质量上推动西部地区旅游业的发展,从而促进中国旅游业在新世纪的总体发展。

第二章　西部旅游资源及开发评价

提　要

西部地区有世界意义的高原、山脉、盆地格局，资源原生多样；记录地球演化的全部过程，自然变迁信息丰富；成景岩石种类繁多，面积大、分布广，形成特色的景观区域；聚居多元民族，历史文化多元、前进轨迹多元、遗留习俗多元；地理空间广阔，经济发展相对滞后，生态环境相对脆弱；传统与现代共存，观念的反差，行为的反差，结局的反差强烈，形成巨大的旅游吸引力。

西部地区旅游资源数量多，品位高，垄断性强。在全国统计的74种旅游资源中，西部地区样样俱全；丝绸之路、长江三峡、桂林山水、路南石林、西安兵马俑、喜马拉雅山等，不仅是世界级精品，而且是绝品。根据初步评价，西部地区已开发的旅游资源大约是其资源总量的1/7。

西部地区地域辽阔，旅游资源空间分异明显，客观上形成了西北区、西南区和青藏高原区三个不同的类型区域。

西北区（新疆、宁夏、甘肃、陕西、内蒙古）地域辽阔，大漠广布。风沙地貌典型壮观，历史文物古迹众多，历史文化源远流长，蒙古族、维吾尔族、哈萨克族风情和穆斯林风情独特；

西南区（四川、重庆、广西、云南、贵州）奇山秀水闻名于世，少数民族风情赏心悦目。自然风光秀美旖旎，动植物资源种类丰富；青藏高原区（西藏、青海）地域高亢，景观奇特；

藏族文化与茫茫雪原融为一体，神山、圣水，天然、神秘，母亲河的源头维系着整个中华民族的希望。

中国西部地区包括内蒙古、新疆（含生产建设兵团）、宁夏、陕西、甘肃、青海、西藏、重庆、四川、云南、贵州、广西12个省、市、自治区以及湖南省湘西土家族、苗族自治州，湖北省恩施土家族、苗族自治州，吉林省延边朝鲜族自治州，面积约675万平方公里，相当于全国陆地面积的三分之二以上（图2－1），是中华民族的发祥地之一;人口约3.65亿,占全国1/4以上(表2－1);全国56个民族,除满族、黎族、畲族、高山族和赫哲族外,其他少数民族在西部都有相对集中的聚居地,全国5个少数民族自治区都在西部。在这片广袤的国土上,积淀了中华各民族几千年来丰富多彩的历史文化遗存,呈现着多种多样的地貌形态,拥有众多的在中国乃至世界上具有独特优势的旅游资源,为发展旅游业奠定了坚实的基础。如果说中国当前旅游业发展的重心在东部,那么,中西部地区、特别是西部地区,则是中国旅游业实现新世纪大发展的主要后劲所在。

表2－1　西部地区的面积与人口

省区	重庆	四川	贵州	云南	西藏	陕西	甘肃	宁夏	青海	新疆	内蒙古	广西
面积(万 km^2)	8.23	48	17	38	120	19	39	6.6	72	160	110	23
人口(万人)	3090	8329	3525	4288	262	3605	2562	562	518	1925	2376	4489

西部旅游资源分布广,数量多。西部各省(区、市)都拥有丰富的旅游资源,不仅陕西、广西、云南、四川、新疆、西藏等省区以旅游资源大省著称,西部地区面积最小的宁夏回族自治区,也拥有大漠黄河、西夏文化、回族风情、六盘山区等十分珍贵的旅游资源,黄河旅游、沙漠旅游等已经成为深受海内外旅游者青睐的特色旅游项目。

西部旅游资源不仅数量多,而且品位高,精品多。经过多年的开发建设,西部地区已经出现一些精品旅游项目,并成为在海内外旅游市场上热销的卖点。如陕西的兵马俑、黄陵、壶口瀑布、华山,宁夏的沙湖、沙坡头,甘肃的敦煌、拉卜楞寺,青海的塔尔寺、青海湖,新疆的天山天池、吐鲁番、喀什,西藏的布达拉宫、日喀则、山南,云南的昆明“世博园”、石林、丽江、大理、西双版纳;贵州的黄果树瀑布、安顺龙宫,四川的九寨沟、黄龙、乐山大佛、三星堆,广西的桂林山水、花山岩画,重庆的大、小三峡,内蒙古的草原风光等。这些高品位旅游资源赋存的地方,大多数是少数民族聚居区,其特色鲜明的风俗习惯、风土人情也成了极其宝贵的旅游资源。

已经被开发并成为“卖点”的旅游景点和旅游项目,在西部各省区所蕴藏的旅游资源中仅仅是极小的部分,通过开发而成为精品和卖点的旅游资源还有很多。为了推动西部旅游业的加速发展,国家已经作出了决策,在西部地区优先建设旅游扶贫实验区、生态旅游示范区、国家旅游度假区，重点培育西部旅游重点项目，改善西部旅游环境，融入国际旅游市场，提高西部旅游从业人员的职业素质等，将西部地区蕴藏的旅游资源优势转化为现实的经济竞争力。

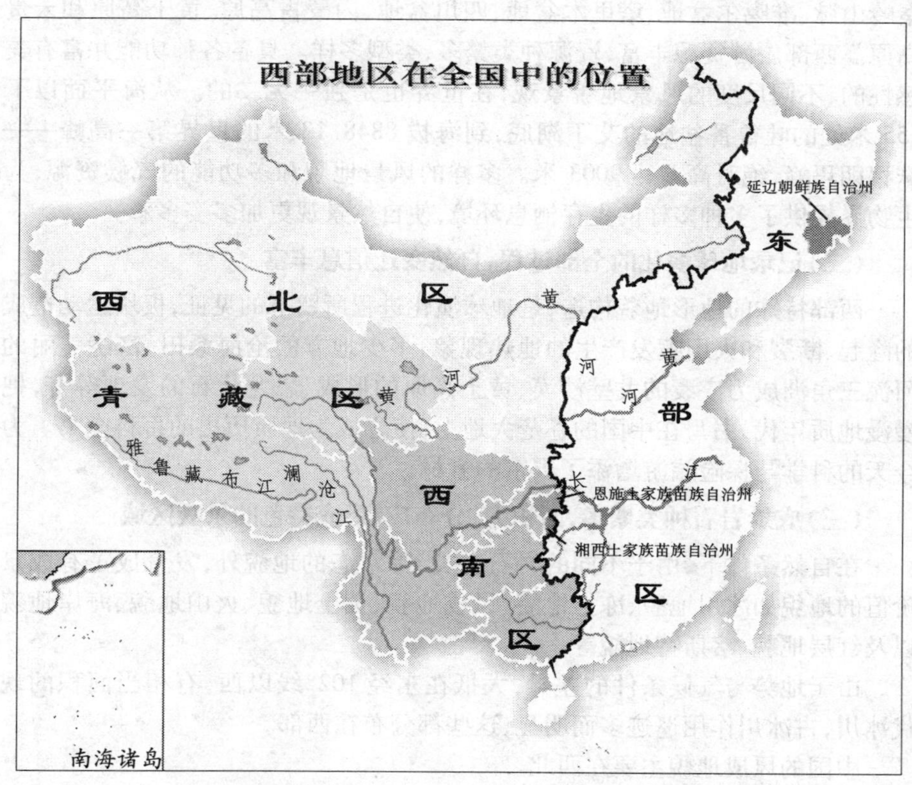

图 2－1　西部地区范围及在全国的位置图

一、旅游资源及其赋存环境的基本特征

(一)有世界意义的高原、山脉、盆地格局，资源原生多样

经过漫长地质年代的内外应力作用，在中国广大的国土上，塑造出壮阔的高原和峻峭的群峰，绵延的山脉和起伏的丘陵，巨大的盆地和坦荡的平原。西部有最高一级的台阶青藏高原，面积 230 万平方公里，是世界的第一高原，平均海拔 4000 米以上，分布着一系列的巨大山脉、高原和盆地，中国的主要大江

大河都从这里奔腾而下。中国的二级台阶的总体部分也在西部，北起大兴安岭，南经太行山、巫山、直至雪峰山一线以西，面积约 400 万平方公里，平均海拔 1000～2000 米。它由一系列的高山和盆地组成，如阿尔泰山脉、天山山脉、秦岭山脉、准噶尔盆地、塔里木盆地、四川盆地、内蒙古高原、黄土高原和云贵高原。西部旅游资源丰富，资源种类繁多，类型多样。具备各种功能并富有美感性的、不同尺度的风景地貌景观，在世界也是独一无二的。从海平面以下 155 米处的吐鲁番盆地的艾丁湖底，到海拔 8848.13 米的世界第一高峰——珠穆朗玛峰，绝对高差达 9003 米。多样的风景地貌和多功能的气候资源，为生物界提供了多种多样的生存栖息环境，使自然景观更加多姿多彩。

(二)记录地球演化的全部过程，自然变迁信息丰富

西部特殊的地形地貌构造，是地球演化进程所留下的见证，板块运动造成的隆起、断裂和火山喷发产生的地热现象、多少地方的沧海桑田、富饶美丽的河流三角洲成为广袤的戈壁沙漠、黄土高原的形成、恐龙化石的发现等等，把漫漫地质年代，书写在中国的苍茫大地上，使之成为地质历史的百科全书。为今天的科学与探险旅游增添了丰富的素材。

(三)成景岩石种类繁多，面积大、分布广，形成特色的景观区域

在自然条件下，由于不同的岩石种类，除常态的地貌外，发育成了有成景价值的地貌如冰川地貌、冻土地貌、风成地貌、黄土地貌、火山地貌、海岸地貌以及红层地貌、喀斯特地貌等。

由于地势与气候条件的差异，大抵在东经 102°线以西，有相当面积的现代冰川，古冰川作用遗迹多而明显，这些都分布在西部。

中国的风成地貌主要在西北。

黄土广泛分布在昆仑山、祁连山和秦岭、大别山以北，面积之大、堆积之厚为世界罕见，由于土质松散，又有垂直节理，易受水土侵蚀而发展为黄土沟壑地貌。

喀斯特地貌是在岩性、气候和水文等条件共同作用下的产物，广西是世界上典型的喀斯特地区之一，尤以峰林为主要特征。闻名中外的云南路南石林是中国石林喀斯特地貌发育最典型的地方。

(四)聚居民族多元，历史文化多元、前进轨迹多元、遗留习俗多元

全国 56 个民族，除满族、黎族、畲族、高山族和赫哲族外，其他少数民族在西部都有相对集中的聚居地，全国 5 个少数民族自治区都在西部。西部是中国多民族长期聚居的地区，地域特色十分突出（表2－2）。

表2－2　西部各省市自治区有聚居地的少数民族的分布

<table>
<tr><th>分区</th><th>省市区</th><th>少数民族</th><th>重要民族节日</th></tr>
<tr><td rowspan="5">西南区
（30个）</td><td>重庆</td><td>彝族</td><td rowspan="12">四月八
泼水节
火把节
三月三歌圩
古尔邦节、肉孜节
那达慕大会
藏历新年</td></tr>
<tr><td>四川</td><td>彝族、藏族、土家族、布依族、傈僳族、羌族、普米族</td></tr>
<tr><td>贵州</td><td>彝族、苗族、布依族、侗族、水族、仡佬族、壮族、瑶族、白裤瑶</td></tr>
<tr><td>云南</td><td>彝族、白族、苗族、回族、藏族、布依族、仡佬族、壮族、瑶族、白裤瑶、哈尼族、傣族、傈僳族、佤族、拉祜族、纳西族、景颇族、布朗族、阿昌族、普米族、怒族、德昂族、独龙族、基诺族</td></tr>
<tr><td>广西</td><td>彝族、苗族、布依族、侗族、水族、仡佬族、壮族、瑶族、白裤瑶、毛南族、京族</td></tr>
<tr><td rowspan="5">西北区
（18个）</td><td>陕西</td><td>回族</td></tr>
<tr><td>宁夏</td><td>回族、蒙古族、东乡族</td></tr>
<tr><td>新疆</td><td>维吾尔族、回族、蒙古族、哈萨克族、东乡族、柯尔克孜族、达斡尔族、撒拉族、锡伯族、塔吉克族、乌孜别克族、俄罗斯族、塔塔尔族</td></tr>
<tr><td>内蒙古</td><td>蒙古族、朝鲜族、达斡尔族、俄罗斯族、鄂温克族、鄂伦春族</td></tr>
<tr><td>甘肃</td><td>回族、藏族、蒙古族、哈萨克族、东乡族、撒拉族、保安族、裕固族</td></tr>
<tr><td rowspan="2">青藏高原区
（10个）</td><td>青海</td><td>回族、藏族、哈萨克族、东乡族、土族、撒拉族、保安族、藏族、门巴族、珞巴族</td></tr>
<tr><td>西藏</td><td></td></tr>
</table>

特殊的地理气候环境同时造就了特殊的民俗风情，西部一直是少数民族居住相对集中的区域，不同的民族在漫长的发展过程中，逐渐形成了自己特有的地方传统习俗和民族风情，各个民族都有自己的传统生活习俗和民族节日，其中伊斯兰教的开斋节、甘肃藏族的香浪节、蒙古族的那达慕大会、四川自贡

的灯会、云南傣族的泼水节、彝族的火把节、白族的三月街、纳西族的游春节、贵州苗族、侗族的芦笙节、苗族龙船节、侗族赶歌节、布依族三月三节等，都以其浓厚的民族特点，所具有独立性和不可替代性，吸引了来自世界各地的游人热情的参与。境内不同地缘、不同层面的各民族多元文化异彩纷呈：如北方风情，丝路花雨，西南民族风情等，都是风景有形，文物有迹，异彩缤纷，宗教文化、民俗风情扑朔迷离，民族建筑、民族服饰、民族饮食风格别具特色。

西部旅游资源不仅种类多元，而且资源的文化积淀十分丰厚。古代建筑、古城遗址、帝都王陵、禅林道观、园林艺术、民俗风情情趣盎然。其中长城、敦煌莫高窟、大足石刻、西藏布达拉宫、丽江古城、秦始皇陵及兵马俑、都江堰—青城山都显示了丰厚的古文化底蕴。具有悠久历史的城市更是古文化汇集的地方。体现在已公布的世界文化遗产，我国有28处，西部有9处，其中2处兼有自然遗产。全国有历史文化名城99处，西部有33处。

西部不但是中国古人类的发源地之一，也是古老的华夏文明和世界文明的发祥地之一；既有各兄弟民族文化融合的结晶，又吸取了世界各民族文化之长。云南开远小龙潭的古猿化石为森林古猿，隶属腊玛古猿，距今1400多万年；云南禄丰石灰坝发现的古猿化石，据测定距今有800万年历史。远在数千年之前，中国的先人就开发和发明了一系列的工艺艺术、宏大建筑，其中仰韶文化、半坡遗址、咸阳秦城、万里长城、秦始皇陵及兵马俑坑等，无不以古称胜。

（五）围绕漫长边界，构成中外交流的人流、物流通道，水气通道、生物通道

西部地区跨越52个经度和32个纬度，但其主体部分位于东经110°以西。远离海洋，却与14个国家和地区间保有14970公里的陆上疆界。

西部地区有漫长的边境线，除了国家对外开放的口岸外，边民的民间交易也十分活跃，并且形成了具有地方特色的边境购物游，填补了边境地区旅游景点稀少的不足，成了沟通国与国之间旅游线路的集散地。

由于西部的边界漫长，大气环流在西部边界受到不同地形的影响而产生巨大的反差，冬季吹来的高空环流在青藏高原被阻挡为南北两支流，绕过高原后在四川盆地上空汇合成为空气稳定区域，在云南形成干季，而贵州和四川冬春多雨。北上的季风受阻挡后，便绕过高原东部，沿着下切很深的雅鲁藏布江进入西南和华南地区。水气通道的畅通，形成了生物通道，在这条通道上，孕育了中国最丰富的植物和动物物种资源，为旅游资源开发提供了优越的自然条件。相反，西北地区因为水气难以输入，变得干旱少雨，形成独特的荒漠景观，其旅游价值也正在不断得到挖掘。

（六）传统与现代共存，观念的反差，行为的反差，结局的反差强烈

西部现代文明与传统共存，西部区内有现代化的城市、有中国的高科技园区，其中卫星基地是中国几代人的骄傲，原子弹的爆炸曾经令世界震惊。但很多地方仍保留了传统的耕作方式，传统的村落、传统的服式、传统的文化以及传统的婚姻方式，乌鲁木齐的二道桥、拉萨的八角街等，和现代化的都市形成了强烈的反差，构成了一道城市旅游的风景线。西南山区的干栏、回族的羊皮筏、怒族的独木舟、傣族的竹桥、独龙族的藤桥、羌族的竹索桥、彝族的竹篾网桥、藏族的溜索、壮族的风雨桥；云南纳西族和云南泸沽湖摩梭人的“走婚”、甘南藏族的“抢婚”、黔南瑶族的“探婚”等，由于和生活在现代化都市的人无论在观念、行为和结局都有巨大的反差，因此产生了巨大的旅游价值。

（七）地理空间广阔，经济发展相对滞后，人类活动地域生态脆弱

西部地区跨越 52 个经度和 32 个纬度，地理空间辽阔，经济比较落后，2000 年国内生产总值（GDP）16656 亿元，占全国的 17.13%，仅相当于广东、江苏两省的总和，或山东的 2 倍。人均国内生产总值只相当于全国平均水平的 61% 和东部地区的 53%。

沙漠戈壁广阔、高山高原居多，大片土地难以利用。尤其是西北地区，可利用的土地多限制在能灌溉的区域，特别是在绿洲范围。由于人地争水的矛盾十分突出，在人类活动影响范围内的生态环境变得十分脆弱。加上气候变化的因素，西北地区湖泊干涸、河流断流、沙漠化程度加剧。西南地区则主要因为乱砍滥伐森林造成水土流失，以及人为的因素造成河流污染，使人类活动的生存空间受到压缩，影响了经济的发展。因此，在西部进行旅游开发，必须首先重视生态环境的保护，但又不能因为要保护生态环境而停止旅游业的发展。解决这一矛盾的办法之一是让生态环境的恢复过程和结局都成为一种旅游资源，即在开发生态旅游资源的同时让居住在贫困地区的人群能从原来的破坏环境的行业中转化到保护环境的行动中，转化到旅游行业中，让旅游业带动地区的脱贫致富。

二、西部主体旅游资源分类

西部旅游资源分布广、数量多、种类齐。据统计，全国县级以上的旅游景点有 15000 多处，其中西部 6000 余处，占 1/3 以上，而每个独立的景点都包括多个资源实体。因此说西部的旅游资源存量十分丰富。在《中国旅游资源普查规范》(试行稿)中所列的6类74种旅游资源,西部样样俱全。在最近由中国科学院地理科学与资源研究所、国家旅游局共同制定的《旅游资源分类、调查与评价》(内部讨论稿)中,提出旅游资源由实体类型旅游资源体系和辅助类型旅游资源体系两个独立又相互关联的体系构成,其中在《中国旅游资源普查规范》(试行稿)中未列的气候旅游资源、民族文化旅游资源等被包括在辅助类型旅游资源体系中,代表西部独特旅游特征的口岸旅游资源划归建筑设施类。

(一)地文景观类

在《旅游资源分类、调查与评价》(内部讨论稿)中,地文景观类包括7个亚类,每个亚类都有主体旅游资源存在。表2-3所列的是其中的5个主要亚类中的主体基本类型描述。

中国是一个多山的国家,西部更是山地最集中分布的区域,几乎所有的巨型山脉都在西部,从兰州—昆明一线以西从北而南的一系列的巨型山脉有阿尔泰山山脉、天山山脉、昆仑山山脉、祁连山山脉、可可西里山山脉、巴颜喀拉山山脉、喀喇昆仑山山脉、冈底斯山山脉、唐古拉山山脉、念青唐古拉山山脉、喜马拉雅山山脉等,东北部还有大兴安岭山脉,都蕴涵了丰富的旅游资源。由于交通、社会经济条件的限制,很多大山巨川还没有被世人所认识,但据统计,全国仍有23%的名山资源是在西部。西部极端的地形和气候条件造就了极端的沙漠景观,较大的沙漠如塔克拉玛干沙漠、古尔班通古特沙漠、库姆塔格沙漠、柴达木盆地沙漠、巴丹吉林沙漠、腾格里沙漠、乌兰布和沙漠、库布齐沙漠、毛乌素沙漠、浑善达克沙地、科尔沁沙地、呼伦贝尔沙地。在这些沙漠中,形成了一些特殊的、具有吸引力的景观类型(表2-3)。

中国著名的洞穴众多,分布十分广泛,主要集中在珠江流域的广西、贵州和云南。西部同时也是世界最大的喀斯特地形地区,洞穴资源数以千计,主要分布在贵州、广西、云南、四川岩溶发育地区。在南方一些地区分布最为集中,如贵州北部有700多条暗河,广西桂林—阳朔一带有2000多个洞穴,云南宜良九乡28~36平方公里范围内就有66个洞穴。

(二)水域风光类

水域风光类包括5个亚类,西部旅游资源在5个亚类中都有出现。表2-4所列的是5个主要亚类中的主要的基本类型描述。

表 2－3　地文景观类及其主体旅游资源类型

类	亚类	基本类型	主体旅游资源举例
地文景观类	地质过程形迹	断层	横断山
		生物化石点	准噶尔恐龙化石、云南开远小龙潭的古猿化石、云南禄丰石灰坝古猿化石、吐鲁番巨蜥、甘肃白垩纪恐龙足印化石群、新疆奇台县将军戈壁化石景观恐龙沟、石树沟硅化木聚集形成的“石树森林”
	造型山体与石体	凸峰	珠穆朗玛峰、希夏邦马峰、乔戈里峰、加舒尔布鲁木峰、布洛阿特峰、慕士塔格峰、公格尔峰、公格尔九别峰、博格达峰、阿尼玛卿峰、玉龙雪山、梅里雪山
		独立山石	喜马拉雅山、石宝山、鸡足山、华山、太白山、九嵕山、骊山、峨眉山、青城山、跑马山、乐山、祁连山、六盘山、大瑶山、贺兰山、乌蒙山、华蓥山、火焰山
	蚀余景观	石林	路南石林、黄河石林、阿斯哈图石林
		沟壑地	黄土高原沟壑地
		雅丹	罗布泊洼、乌尔禾“风城”、新疆将军戈壁滩上的“魔鬼城”、敦煌“魔鬼城”
	沙石地	沙丘地	塔克拉玛干沙漠、古尔班通古特沙漠、库姆塔格沙漠、柴达木盆地沙漠、巴丹吉林沙漠、腾格里沙漠、乌兰布和沙漠、库布齐沙漠、毛乌素沙漠、内蒙古伊克昭盟的银肯、宁夏中卫的沙坡头、甘肃敦煌月牙泉鸣沙山、新疆鄯善大沙山
		沙地	浑善达克沙地、科尔沁沙地、呼伦贝尔沙地
	洞穴	地下石洞	桂林七星岩、芦笛岩、贵州织金洞、安顺龙宫、云南宜良地下岩溶景观和建水燕子洞地下岩溶景观、广西荔浦丰鱼岩、重庆武隆芙蓉洞

中国是多湖的国家，天然湖泊共有 248800 个，面积总共有 83400 平方公里，人工湖（水库）86852 座，集中分布在 5 个区域，在西部就有 3 个，其中的青藏高原湖区湖泊最多，其湖泊面积占全国湖泊面积的 50.5%，蒙新高原湖区和云贵高原湖区的湖泊也是星罗棋布，而且许多湖泊都兼有疗养与旅游价值。西部由于地势高、落差大、河流多，因此，沿各条大江大河修建的水库和坝区就成为既有水域风光景观，又有人文景观的特殊旅游资源。

表2-4　水域风光类及其主体旅游资源类型

类	亚类	主要的基本类型	主体基本类型举例
水域风光类	河段	河流	长江三峡、巫山小山峡、晋陕大峡谷、雅鲁藏布大峡谷、桂林漓江、贵州㵲阳河、荔波樟江、马岭河峡谷、云南的瑞丽江大盈河、三江(怒江、澜沧江、金沙江)并流、新疆伊犁河
	湖泊与池沼	湖泊(天然与人工)	中国最大的内陆湖——青海湖、海拔最低的湖——艾丁湖、最具神秘色彩的湖——罗布泊、世界上的盐湖——西藏的纳木错、青海省柴达木的察尔汁盐湖、黄河源头的鄂陵湖与扎陵湖、五百里滇池、天山天池、赛里木湖、博斯腾湖、呼伦湖、阿尔泰山的哈纳斯湖、大理洱海、玉溪抚仙湖、泸沽湖、贵州的威宁草海、清镇红枫湖,龙羊峡水库、青铜峡水库、刘家峡水库、李家峡水库、万家寨水库、鲁布格水库、龙滩水库、小湾水库等
		沼泽与湿地	博斯腾湿地、巴音布鲁克湿地、哈纳斯湖湿地、刘家峡三峡万亩湿地保护区、鄂陵湖湿地、扎陵湖湿地、若尔盖高原湿地、九寨沟湿地、滇池湿地、抚仙湖湿地、洱海湿地、红枫湖湿地、威宁草海湿地、班戈湖群湿地、色林错湿地等
	瀑布	瀑布	黄果树瀑布群、九寨沟瀑布群、壶口瀑布、松潘牟尼沟瀑布、黄龙寺瀑布、隆林冷水瀑布、大新德天瀑布、大明山飞瀑等
	泉	单泉	比较著名的温泉有西安骊山华清池、保山温泉、安宁温泉,贵州的息烽温泉、石阡温泉、剑河温泉、遵义枫香温泉、内蒙古达赉诺尔温泉、阿尔山温泉、克什克腾温泉、宁城温泉等
		泉群	云南腾冲温泉群,重庆的南、北温泉,四川理塘温泉群和稻城温泉群等
	冰雪地	冰川	喀喇昆仑山音苏盖提冰川、肃南七一冰川、肃北"透明梦柯"冰川、乌鲁木齐天山一号冰川等

中国湿地分布和河流、湖泊的分布比较一致——大江大湖都有不同面积的湿地分布。

中国的名泉有百余处,比较集中分布在西藏、云南、广东、福建和台湾5省区，重庆、四川泉也较多。据统计，中国泉景的1/3强分布在西部，而且泉的形式多种多样，不但有旅游价值，更有科学研究的价值。

中国瀑布的1/4强分布在西部。

中国的冰川都分布在西部的青藏高原及西北高山地带。按行政区域，西藏的冰川面积最大，占全国的1/2以上，达到27676平方公里；新疆冰川有1.9万余条，面积达2.65万平方公里，分别占全国冰川总面积的45%，冰储量的53.8%；青海冰川主要分布在西部和北部，冰川总面积4621平方公里，总储量3988亿立方米。从山脉看，冰川面积以唐古拉山脉最大，其次是东昆仑山脉，第三是祁连山脉。昆仑山、天山、喀喇昆仑山、帕米尔高原、阿尔泰山均有冰川分布，尤以昆仑山和天山为最多。喀喇昆仑山北坡的音苏盖提冰川其上源在乔戈里峰，长达42公里，是世界著名的山岳冰川。西天山南伊内里切克冰川长达63.5公里，在我国境内的冰川面积为392.84平方公里，堪称中国第一大冰川。位于乌鲁木齐胜利大坂的天山一号冰川已辟为旅游点。肃南七一冰川、肃北“透明梦柯”冰川也独具特色。

（三）生物景观类

西部地理环境复杂，为种类繁杂的动、植物提供了繁衍、生长的条件。

西南是可供观赏的植物资源最丰富的地区之一，其中西双版纳素称“植物王国”和“动物王国”，许多动植物既能起到烘托主景作用，又能独立成景，构成颇具魅力的旅游资源。表2－5给出了西部生物旅游资源的描述。

表2－5　生物景观类及其主体旅游资源类型

类	主要亚类	主要的基本类型	主体基本类型举例
生物类	草原与草地	草原和草地	呼伦贝尔草原、锡林郭勒草原、乌兰察布草原、科尔沁草原、鄂尔多斯草原、黄河三角洲草地、巴音布鲁克草原、唐布拉克草原、巩乃斯草原、昭苏草原、哈纳斯草原、金塔斯草原和塔什库尔干草原
	动物栖息地	哺乳动物栖息地	贵州草海黑颈猴、梧州云龙公园黑叶猴、隆安龙虎山猕猴、陇瑞自然保护区白头叶猴、四川卧龙熊猫
		鸟类栖息地	佛坪朱鹮、昆明海鸥、青海湖鸟岛

(四)遗址遗物类

遗址遗物类包括9个亚类。表2-6是其中3个亚类中主要的基本类型描述。

中国作为一个文明古国,历史古迹遍及各地,尤以黄河流域最为集中,西部的遗址遗物类主体类型包括有古人类遗址、历史事件发生地、军事遗址等。

表2-6 遗址遗物类及主体旅游资源类型

类	亚类	主要的基本类型	主体基本类型举例
遗址遗物类	史前人类活动遗址	文化层	云南腊玛猿人、元谋猿人遗址、贵州水城硝灰洞、黔西观音洞、兴义猫猫洞旧石器时代古文化遗址等
		文物散落地	天水的麦积山、敦煌莫高窟、吐鲁番柏孜克里克、乐山大佛、大足石刻等
	历史事件发生地	历史事件发生地	长征路上遗址有甘肃迭部俄界会议遗址、腊子口战役遗址、会宁县会师楼、宁夏六盘山、革命圣地延安、西昌金沙江平渡口、会理会议会址、彝海结盟处、红军飞夺泸定桥遗址、贵州红军"四渡赤水"经过地;西安事变发生地西安等
	军事遗址	长城遗址	古建筑秦、隋、金、明历代长城和嘉峪关、玉门关、阳关等边塞遗址

(五)建筑设施类

建筑设施类包括13个亚类。表2-7是其中8个亚类中主体基本类型描述。

中国的古代建筑有几千年的历史,形成了独特的体系和风格,具有高度的工程技术水平和优美的艺术形式,是中国一份宝贵的科学、文化遗产,也是中国旅游资源重要的组成部分。西部的建筑设施类有明显的地方特点,多民族、多宗教的影响造就了建筑的多种风格。秦国统一中国、大唐盛世都在西部留下了中国乃至世界上最为宏大的建筑。西安作为中国七大古都之一,几乎和北京平分了封建社会前期和后期的帝都历史,遗留古迹很多,是古建筑资源最丰富的名城之一。

西部是中国大江大河的流经地,解放以来,在长江、黄河、澜沧江新修的水利枢纽工程举世瞩目。

（六）商品类

中国菜肴名誉四海，八大菜系中，川菜以其麻、辣的特点，享誉世界，并且形成了独特的饮食文化特点，成为新兴的旅游产品。

表2－7　建筑类及主体旅游资源类型

类	亚类	基本类型	主体基本类型举例
建筑建设施类	军事设防构筑物	军事实验地	西昌卫星发射基地、陕西西安：中国的商用卫星、宇航测控中心、甘肃酒泉卫星发射中心
	宗教与礼制活动场所	寺院	西藏的布达拉宫、大昭寺、青海的塔尔寺，甘肃的拉卜楞寺，西安唐代大明宫遗址，艾提尕清真寺、乌鲁木齐陕西大寺
		祭祀地	武威文庙、天水伏羲庙、云阳张飞庙、五当召、成吉思汗庙
	艺术与附属景观建筑	佛塔	西安钟楼、鼓楼、大、小雁塔、云南大理崇圣寺三塔、西双版纳景洪曼飞龙白塔、四川回澜塔、五塔寺、白塔、大明塔等
	归葬地	陵寝陵园	陕西黄帝陵、临潼秦始皇陵和兵马俑、茂陵、昭陵、乾陵、宁夏的西夏王陵、内蒙古的成吉思汗陵
		墓	新疆喀什的香妃墓，内蒙古的昭君墓等
	交通设施	口岸	内蒙古满洲里、二连浩特口岸；新疆阿拉山口、红旗拉甫、霍尔果斯、西藏普兰、樟木、日屋；云南的畹町、瑞丽、磨憨、河口；广西的凭祥、友谊关
	水工设施	水利枢纽渠道	四川都江堰、刘家峡水电站，引大入秦工程，景泰川电力提灌工程，广西灵渠
	传统建筑	特色聚落	新疆的土拱房、西藏的碉房、内蒙古的毡包、陕北的窑洞
	游憩场所	歌舞场所	陕西唐乐宫
		狩猎场	新疆且末县阿尔金山狩猎场；甘肃张掖肃南康隆寺猎场；云南思茅莱阳河猎场
		漂流河段	长江、黄河、澜沧江、塔里木河，和田河、叶尔羌河、云南畹町、贵州马岭河峡谷地缝、陕西商洛丹江、重庆芙蓉江、西藏雅鲁藏布江、拉萨河
		度假村	广西北海度假村
	运动场所	雪场	云南丽江玉龙雪山；四川都江堰龙池；重庆仙女山

(七)辅助类

在《中国旅游资源普查规范》(试行稿)中未列的气候旅游资源、民族文化旅游资源等被包括在辅助类型旅游资源体系中。辅助类中有 2 个主类,7 个亚类,表 2-8 为其中 4 个主要亚类中的主体基本类型描述。

表 2-8　辅助类及主体旅游资源类型

类	亚类	基本类型	主体基本类型举例
自然现象	天象与气象	佛光	峨眉山佛光、华山佛光
	自然事件	动物活动事件	大理蝴蝶泉的蝴蝶盛会、洱源的万鸟朝山奇景、能发出不同音符鸣叫的峨眉弹琴蛙
		特殊自然现象	沙漠中的海市蜃楼、飞沙鸣叫、西藏高原上的周期性的水热爆炸泉等
人文现象	民间习俗	婚恋	云南纳西族和泸沽湖摩梭人的“走婚”、甘南藏族的“抢婚”、黔南瑶族的“探婚”
	民间活动	民间文艺表演	孝洋、冬不拉、弹布尔、手鼓、西来甫、木卡姆演唱、阿肯弹唱、蒙古族舞蹈、蒙古族的长调,马头琴演奏
		民间体育	旋转式秋千、赛马、叼羊、姑娘追、摔跤、马上角力
		传统节日	伊斯兰教的开斋节、藏族的香浪节、蒙古族的那达慕大会、四川自贡的灯会、云南傣族的泼水节、彝族的火把节、白族三月街、纳西族的游春节、贵州苗族、侗族的芦笙节、苗族龙船节、侗族赶歌节、布依族三月三节等
		宗教活动与庙会	喀什巴扎、甘南拉卜楞寺大法会

三、西部旅游分区与特点

西部著名旅游资源大体占全国的 1/3:世界遗产在全国有 28 个,西部有 9+1(长城与东部共有);联合国人与生物圈在全国有 10 个,西部有 5 个;国家风景名胜区,全国有 119 个,西部有 48 个;历史文化名城,全国有 99 个,西部 34 个; 4A 级景点,全国有 187 个,西部有 73 个;优秀旅游城市,全国有 122 个,西部有 24 个。

根据西部旅游资源的特点、资源种类的相似性以及旅游线路和区域的相对完整性,把西部划分为三个区域,即西北区、西南区和青藏高原区。各个区域已确认的国家级旅游资源见表2－9。

表2－9　西部地区已确认的国家级旅游资源　　单位:个

区域	省、市、自治区	世界自然文化遗产	联合国人与生物圈	国家风景名胜区	国家级森林公园	国家历史文化名城	国家地质公园	全国4A级景区景点	国家级自然保护区	国家重点文物保护单位	中国旅游城市
西北区	内蒙古	0	1	0	10	1		4	8	40＋2/9	2
	陕西	1	0	3	9	6	1	9	4	102＋1/9	3
	甘肃	1＋1/9	0	3	9	4		4	4	49	2
	宁夏	0	0	1	0	1		2	3	10＋1/9	0
	新疆	0	1	1	2	1		3	3	45	3
西南区	重庆	1	0	4	5	1		4	0	13	0
	四川	4	1	13	11	7	2	16	4	74	3
	贵州	0	2	8	2	2		4	5	38	1
	云南	1	0	10	18	5	2	12	5	20	4
	广西	0	0	3	11	2	1	7	6	29	5
青藏高原区	青海	0	0	1	2	1		3	1	12	0
	西藏	1	0	1	0	3		5	2	38	1

(一)西北区

行政范围包括陕西省、甘肃省、新疆维吾尔自治区,内蒙古自治区、宁夏回族自治区。主要的依托城市包括西安、天水、兰州、嘉峪关、敦煌、吐鲁番、乌鲁木齐、喀什、呼和浩特、银川等。

1. 幅员辽阔、地理空间跨度大,自然资源别具风格

特殊的地理气候条件,造就了复杂多样的地形地貌:既有一望无际的内蒙古草原、关中八百里平川,富饶美丽的河西走廊,也有地势高亢,山峦起伏的天山山脉、祁连山山脉、昆仑山山脉 ;既有仅次于约旦死海的世界第二洼地吐鲁番艾丁湖,又有仅次于珠穆朗玛峰的世界第二高峰乔戈里峰;既有山川秀丽,风景独特的江南水乡的俊美,又有塞外大漠风光的粗犷,可以观赏到举世闻名

的雅丹地貌、风蚀蘑菇、洞穴、石林以及沙漠中的海市蜃楼、飞沙鸣叫等奇特的自然景观。中国最干、最热、最冷的地方都在西北区。西北还有数不尽的温泉、气泉、冰川。西部代表着中华民族的母亲河——黄河咆哮奔腾，壮丽风韵，尽在其中；中国最长的内陆河塔里木河，不断书写着绿色走廊的繁荣与衰落，也寄托着国人对其生态环境恢复的无限希望。

2. 中华民族文化的重要发祥地

中华先民在黄河、泾渭流域创造了灿烂的黄河文化、长城文化、西夏文化、回族文化、灌溉文化、丝路文化、考古文化、建筑文化、崖窟文化等。多种文化融为一体，交相辉映；西北区共有13座历史文化名城，其中西安是世界著名的历史文化名城，先后有周、秦、汉、唐等13个朝代在此建都，历时1100余年，被誉为"天然历史博物馆"。

3. 沟通中西经济文化交流的丝绸之路横贯全区

西北区留下了许多驰名中外的文物古迹，其中世界文化遗产有3处，分别是长城（与东部共有）、敦煌莫高窟和秦皇陵与兵马俑；西北区仅陕西省就有各类文物保护点3.6万余处，已公布的重点文物保护单位有2500多处，其中全国重点文物保护单位102处，居全国之冠。仅历代大型帝王陵墓一项就有79座，侯、将、相级墓葬近千座，古寺庙、大型宫殿遗址820处，馆藏文物60多万件，其中珍贵文物5万余件（组），一级文物3526件（组），国家级文物123件（级）。文物价值位列全国第一。法门寺在全国佛教中的地位独特，佛指舍利到台湾、香港展出，引起巨大轰动。

甘肃省有石窟群23处，是闻名于世的"石窟长廊"。其中A级石窟有敦煌莫高窟，安西榆林窟，天水麦积山石窟，炳灵寺石窟，泾川南石窟；古文化遗址50处，属于A级的有秦安大地湾遗址；古代建筑多处，属于A级的有嘉峪关城，夏河拉卜楞寺，天水伏羲庙，武威海藏寺，天水仙人崖。甘肃有全国重点文物保护单位49处。

丝绸之路横贯新疆，举世闻名，新疆的全国重点文物保护单位有45处，境内具有历史艺术和科学研究价值的古文化遗址、古墓葬、古窟、寺、石刻和现代纪念建筑物236处。还有佛教千佛洞16处，比较完整的洞窟550多个。另外还有文物点几千处。阿勒泰岩画长廊、准噶尔恐龙化石、吐鲁番巨蜥的发现，引起国内外专家学者们的瞩目。

内蒙古是中国元朝的发祥地，蒙元文化和古迹遗存很多，全国重点保护单位有40+2/9处。有的是古代居民生活居住的遗迹，包括遗址、洞穴和城郭等;有的是古代营造的建筑物,包括长城、陵墓、宝塔、庙宇和官署,如呼和浩特市的五塔寺、大召、昭君墓、白塔、内蒙古博物馆,包头市的五当召、美岱召,伊金霍洛旗的成吉思汗陵,巴彦浩特的延福寺,赤峰市的辽上京、辽中京、大明塔,鄂伦春自治旗的嘎仙洞等;有的是古代民族的艺术作品,包括壁画、岩画、雕刻等。

宁夏有中华史前文明缩影和见证的水洞沟遗址,有"中国长城博物馆"之称的建筑形式多样的历代长城,有"东方金字塔"美誉的西夏王陵,典雅肃穆的清真大寺、巧夺天工的须弥山石窟、绚丽多彩的贺兰山岩画等,全国重点文物保护单位有10+1/9处。西北区重要旅游景点景区见彩图1。

4. 生物资源多样,珍禽异兽栖息地和奇花异木生长地面积大、分布广

西北区拥有国家级自然保护区22处,国家级森林公园30处,珍稀特有动物资源有大熊猫、金丝猴、朱鹮、白唇鹿、雪豹等,珍稀植物有秦巴山区的太白梅花草、独叶草、七叶一支花,天山雪莲等。还有无数珍奇的荒漠动植物可供游客观赏。大兴安岭是中国森林宝库,森林密布,古树参天,是保存完好、面积又较大的原始林区;克什克腾旗的沙地云杉更是世界仅存的景观。

5. 近现代独特而辉煌的历史

特别是1935年至1948年,延安和陕甘宁边区曾经是中共中央所在地,为抗日战争、解放战争和新中国的建立奠定了基础,同时留下了丰富和珍贵的文物资源,如延安宝塔山等。

现代工程而又具有旅游观赏价值的有:刘家峡水电站,引大入秦工程,景泰川电力提灌工程,金川有色金属公司,酒泉钢铁公司;还有以治沙而闻名中外受到联合国表彰的沙坡头奇迹,有全国三大著名影视城之一的镇北堡华夏西部影视城,有横跨中国最大沙漠的沙漠公路,等等。

酒泉卫星发射基地、西安卫星测控中心、马兰核基地、青海两弹试验场等,则代表着我国乃至世界最先进的科学技术,对于青少年爱国主义教育和科学旅游有着极大的作用。

6. 绚丽多彩的民族风情画卷对世界有极强的吸引力

西北区有18个少数民族集中分布,其中以回族、蒙古族、藏族、维族人口最多,各民族的衣食住行、文化艺术、风情习俗和喜庆佳节,都具有浓郁的民族特色;少数民族的居室别致,服饰精美,与客源国家的文化差异度大,有很强的吸引力。如陕西、新疆的土拱房、西藏的碉房、内蒙古的毡包。而少数民族自古就以能歌善舞而闻名于世,内蒙古大草原是歌舞之乡,蒙古族歌舞是世界文化宝库中灿烂的明珠，在世界上享有很高的声誉；新疆的维吾尔族舞蹈，一直备受海内外游客喜欢，楼兰美女、达坂城姑娘更令人倾心。

各民族由于宗教信仰、语言、生活环境和习惯不相同，形成了在节日、婚丧及文化活动等方面的不同习俗，民族风情异彩纷呈。如每年元宵节在松蓬举行的灯会及演唱会；农历四月二十八日在甘肃和政县松鸣岩举办的民间贸易和花儿会；农历五月十五日甘南拉卜楞寺的晒佛节；农历六月在会宁的铁木山、桃花山、剪金山、法泉寺举办的庙会，蒙古族传统娱乐活动那达慕大会，等等。

7. 漫长边境线形成了口岸贸易为主体的边境旅游

西北区比较有名的口岸有满洲里、二连浩特、阿拉山口、红旗拉甫、霍尔果斯等，形成了一定规模的边境旅游购物景观。

8. 旅游商品丰富多彩

如今来中国西北旅游，不仅可以欣赏到以荒凉、古朴、原始、粗犷闻名的西部景观，还可带回比如中国泥塑精华的代表须弥山微笑的沙弥、代表仰韶文化的马家窑彩陶、回族的传统乐器口弦、秦兵马俑，还有兰州刻葫芦，卓尼县的洮砚，保安族的腰刀，酒泉的夜光杯，新疆的英吉沙小刀等。家住宁夏黄河岸边童家村的人们，通过制作毛骆驼和挂件等工艺品，走上了富裕之路。宁夏西部影视城推出的“参与”性旅游商品，备受青年游客欢迎。

整个西北区以国家级旅游线路“丝绸之路”旅游线为主干线，以4条国家重点专题旅游线路、19条专线旅游线路为网络，由点线面组成以山水风光—文物古迹—民俗风情—文化艺术—旅游购物为主体的旅游大区。

(二) 西南区

行政上包括四川省和重庆市、贵州省、云南省和广西壮族自治区，主要依托城市是重庆、成都、贵阳、桂林、南宁和昆明。西南区重要的旅游景区景点见彩图2。

1. 由云贵高原和四川盆地两大主体地形所构成

复杂多样的地理环境、特殊的立体气候条件，孕育了包括“东部喀斯特岩溶地貌、西部三江并流、中部盆地峡谷、北部雪山冰川、南部热带雨林”的丰富自然旅游资源。以桂林山水为代表的喀斯特地貌奇观，以北海银滩为代表的南亚热带海滨风光、以西双版纳为代表的热带雨林风光、以三峡为代表的长江风光，以九寨沟、黄果树瀑布为代表的瀑布风景，都是人间极品。西南区有世界最大面积的高原喀斯特地貌，它造就了众多的奇峰、峻岭、峡谷、飞瀑、石林、溶洞、温泉、湖泊等壮丽的自然景色，历来是游人向往的地方。九寨沟、黄龙风景名胜区被联合国列入《世界自然遗产名录》，大足石刻、青城山—都江堰等被联合国列入《世界文化遗产名录》，峨眉山—乐山大佛被列为《世界自然与文化遗产名录》。

2. 秀美的山水造就了多彩的民族文化风情

藏文化、巴渝文化、摩梭母系文化、南诏大理文化、东巴文化、移民文化、三峡文化、"陪都"文化、都市文化、三国文化、长征文化、酒文化与绚丽多姿的壮、瑶、苗、侗、傣等民族风情结合，形成西南部特有的文化景观。

西南区的民族风情以细腻著称，有很强的参与性和观赏性。如西南山区的干栏、回族的羊皮筏、怒族的独木舟、傣族的竹桥、独龙族的藤桥、羌族的竹索桥、彝族的竹篾网桥、藏族的溜索、壮族的风雨桥；如云南纳西族和云南泸沽湖摩梭人的"走婚"、甘南藏族的"抢婚"、黔南瑶族的"探婚"；如汉族的春节、元宵节、清明节、端午节、中秋节、黎、壮、侗、苗等族的"三月三"、大理白族的"三月街"、彝、白等族的火把节、傣族的泼水节等。少数民族风情与当地独特的自然风光结合，形成了极富民族特色的旅游氛围，具有大力开发民族风情旅游的巨大潜力。

3. 历史文化悠久，文物古迹众多

重要的遗迹有三星堆古代遗址、三国蜀汉遗迹、红军长征遗迹、夏禹"三过家门而不入"的涂山旧痕、大宁河古悬棺真貌、"上帝折鞭之处"的合川钓鱼城古战场、丰都鬼城、中华石窟艺术之瑰宝的大足石刻、兴安灵渠、程阳风雨桥、太平天国金田起义旧址、昆明金殿等。

西南区有国家重点文物保护单位144处，国家级历史文化名城16座。

4. 西南区是中国动植物资源的天然宝库

西南是全国植物种类最多的地区，云南、四川、广西在全国的植物种类的排行榜上分列前三名，其中，在全国近3万种高等植物中，云南就拥有1.7万多种，占全国的62.9%，因此具有"植物王国"的美誉。特有的植物品种以及稀有珍贵树种，如望天树、云南肉豆蔻、云南樟、龙血树、秃杉、四蕨木、黑黄檀、云南红豆杉、金花茶、银杉、擎天树、桫椤、水杉、秃杉和珙桐等。另外，有构成天下植物奇观、生长在西双版纳热带雨林中的"独树成林"，有古代傣族人民用其树叶刻写口头文学作品和佛教经文的贝叶树，有夏季盛开火红花朵的凤凰树、四川的蜀海竹林、白音敖包沙地红皮云杉林、贵州赤水桫椤等，都是极富吸引力的旅游景观。花卉过去仅是公园庭院中供人观赏的植物，'99昆明世界园艺博览会，荟萃了中华园林之精华，充分展示了“花卉王国”云南的珍树、奇花、异草的风姿，把云南的花卉植物推向了世界，成为云南旅游资源的新亮点。

西南区同时也是野生动物资源最丰富的地区，因而被誉为“动物王国”，国宝大熊猫主要分布在西南区，其他的如金丝猴、黑叶猴、华南虎、云豹、豹、白鹳、黑鹳、黑颈鹤、中华秋沙鸭、金雕、白肩雕、白尾海雕、白头鹤、蟒、野象、野牛、长臂猿、印支虎、赤颈鹤、白尾梢红雉、绿孔雀、白头叶猴、野生臂猿、瑶山鳄蜥、梅花鹿、长尾叶猴、蜂猴、花鹿、白鹤、颈鹤等珍贵动物在西南区均可进行观赏，比较著名的观赏地有四川卧龙、蜂桶寨、唐家河、王朗自然保护区观大熊猫；广西梧州云龙公园观黑叶猴，陇瑞自然保护区观白头叶猴，隆安龙虎山观猕猴；贵州草海观黑颈猴；云南昆明观海鸥等。

西南区有国家级自然保护区 21 个，国家级森林公园 47 座。

5. 西南区口岸是具有地方特色的边境购物游的重要集散地

云南的畹町、瑞丽、磨憨、河口，广西的凭祥、友谊关等已经成为打通东南亚旅游市场的桥头堡，但现在有系统有规划地进行开发的景点和线路比较少，配套的旅游产品开发相对落后，与东部相比，无论是规模、品位还是数量都远远不能满足游客对西部旅游购物的兴趣。

西南区以国家重点旅游线路“长江三峡”旅游线：重庆—万县—宜昌—荆州—武汉，“广桂昆”旅游线：广州（深圳、珠海）—桂林—昆明为主轴，由 5 条国家重点专题旅游线路和 11 条重点专项旅游线路构成以山水风光—民俗风情—饮食烹调—文物古迹为主体的旅游大区。

（三）青藏高原区

行政上包括青海省和西藏自治区，主要依托城市为西宁、拉萨。

1. 世界屋脊风光无限

北部是喀喇昆仑山—唐古拉山及昆仑山和祁连山；西南部是喜马拉雅山，举世闻名的珠穆朗玛峰就坐落在此；冈底斯山—念青唐古拉山横亘东西，青藏高原分布着高大雄峻的山峰，尤以西南边境附近最为集中。世界上海拔 8000 米以上的山峰仅西藏就占了 2/3 强。超过 7000 米的高峰有 50 座以上，大部分位于西南部的喜马拉雅山脉。全区对外开放的海拔在 6200 米以上的山峰达 22 座，其中海拔 8000 米以上的山峰有 3 座，7000 ~ 7 999 米之间的山峰 14 座，6000 ~ 6999 米之间的山峰 5 座。这些山峰是：珠穆朗玛峰（8848 米 ）、卓奥友峰（8201 米）、希夏邦玛峰（8012 米）、南迦巴瓦峰（7782 米）、章子峰

(7543 米)、门龙泽峰(7175 米)、普莫里峰(7068 米)等。这些高山雪峰具有很大的开发潜力,它们都是世界各国人士登山旅游的极好地方,现要求到中国登山探奇的旅游者络绎不绝。

2. 大江大河发源地景观独特

西藏是中国河流最多的省区之一。据《西藏国土资源》记述,区内流域面积大于10000平方公里的河流有20多条,大于2000平方公里的河流有100多条。著名的雅鲁藏布江,其长达1780多公里,是世界上海拔最高的一条大河,有“天河”之称。该河至墨脱形成一个世界绝无仅有的大拐弯和世界第一大峡谷。青海是三江之源,从这里流淌出的河水哺养了中华民族。

在青藏高原流域内河谷上方保留着平坦的高原和宽浅不一的盆地,草原风光和草甸绿洲及成群的牦牛和洁白的羊群勾画出一幅幅美丽动人的图画,引人入胜。有的盆地内、山谷里还有碧蓝的湖泊点缀着,如羊卓雍湖、泊莫湖、哲古湖、莫特里湖、错高湖等,它们大部在海拔4200米以上。这些湖泊的周围,水草肥美,既是藏天鹅、雁、鸭等野生飞禽的栖息地,又是可供游客观鸟、休假、疗养、泛舟垂钓等的旅游处所。西藏的江河湖泊堪称世界之最,不仅分布数量多、海拔高、水质异常清澈、秀丽迷人,而且还与许多美妙的神话传说相连,被誉为别具一格、独具魅力的“江河圣湖”。青海湖位于西宁市西北约100余公里处,是中国最大的内陆咸水湖,景色奇特迷人。湖中有海心山岛。湖西北有蜚声中外的鸟岛,在产卵育幼期,不足1平方公里的鸟岛上聚集着10万余只各类候鸟,为中国8大鸟类保护区之首。

3. 历史悠久,文化灿烂

青藏高原是世界第三极,距今六七千年前就有人类在此繁衍生息。以古墓群、古庙、古岩画、古城堡为特色的名胜古迹众多。西藏的历史遗存首推遍布于各地的寺院建筑。仅载于《中国名寺志典》中的西藏寺院便有14个之多。西藏的寺院多为历经风雨沧桑的古迹,充分反映了藏族人民在建筑和装饰艺术方面的成就和才能。与寺院建筑本身不可分割的艺术是其内部极为丰富多彩而又生动多姿的壁画和塑像。这些壁画,有的刻画出西藏人民文化生活中的一些生动场面,如布达拉宫中的《赛马骑射和角力摔跤》;有的表现重大的历史题材,如日喀则德庆颇章宫内的《八思巴与元世祖忽必烈会于六盘山下》;有的真实生动地反映了重大的历史事件和杰出的历史人物,如布达拉宫的《五世达赖朝见顺治皇帝》、大昭寺内的《文成公主入藏图》、罗布林卡的《宴前认舅》等,此外,还有其他历史遗存遍布于西藏许多地方,如古碑、石刻、庄园、炮台、古墓群、出土文物等。

青海的塔尔寺位于西宁市西南25公里的湟中县鲁沙尔镇，始建于明代嘉靖三十九年(公元1560年)，是藏传佛教格鲁派始祖宗喀巴的诞生地。此外，青海的著名古迹和旅游点还有日月山(相传是文成公主进藏时摔坏“日月宝鉴”的地方)、瞿昙寺、柳湾氏族公墓、海晏县境内的汉代西海郡古城、柴达木盆地南部的诺木洪文化遗址、西宁的孙中山纪念碑，海北原子城、互助五峰寺、贵德玉皇阁、河南圣湖仙女洞、玉树文成公主庙等。

青藏高原的神圣、神秘和神奇，由于《格萨尔王传》的发现和传播而引起世人的热烈关注。《格萨尔王传》是中国藏族人民创作的一部伟大的英雄史诗，大约产生在古代藏族氏族社会开始瓦解、奴隶制国家政权逐渐形成的历史时期，即公元前二三百年至公元6世纪之间，作为一部不朽的英雄史诗，是在藏族古代神话、传说、诗歌和谚语等民间文学的丰厚基础上产生和发展起来的，代表着古代藏族文化的最高成就，被誉为“东方的荷马史诗”。

4. 雪域高原养育了众多优秀的民族

藏族、门巴族、珞巴族、纳西族、回族、蒙古族、怒族、独龙族、土族、撒拉族和汉族是青藏高原区的主要组成民族，其中还包括未识别的夏尔巴人。在民族大家庭中，少数民族的习俗风情独具特色。尤其是民族服饰、习惯、节日，富有浓郁的民族气息和鲜明的地方特色，并伴有各种美妙的传说。

5. 名优土特产众多且独具特色

手工业品除藏毯、氆氇、卡垫等外，还有精制的藏式家具、茶壶、奶罐、器皿、木碗、竹器、扁烟盒、木杓、木匙、祭器、法器、金碗、佛像、法号、雕像、牦牛尾巴、牛角、泥菩萨、石刻菩萨、小石片经文、藏刀、腰刀、金银手饰、骨雕、绘画、藏香、雕塑等等。这些物品既具日用性，又具观赏性，有很强的纪念意义，是藏民族手工艺品的瑰宝。精湛稀有的“三绝”工艺美术(酥油花、绘画、堆绣)久负盛名。

青藏高原区目前拥有国家级自然保护区1处；国家级自然风景名胜区2处；国家级级森林公园2个；国家级重点文物保护单位50处；国家级重点历史文化名城1座。拉萨的布达拉宫(和大昭寺)被列为世界文化遗产。青藏高原区重要的景区景点分布见彩图3。

青藏高原区由国家重点旅游专题线路丝绸之路游、西南少数民族风情游两条旅游主干线和7条专项旅游线路共同组成了以山水风光—民俗风情—文物古迹—文化艺术—节庆为主体的旅游大区。

第三章　西部旅游业发展现状分析

提　要

西部地区旅游业是从外事接待开始的。经过1992年以前的起步阶段，1992～2000年的快速发展阶段，目前进入全面开发新阶段。

目前西部地区已开发的资源约占其总量的1/7，初步形成了山水风光、文物古迹和民俗风情三大旅游品牌；旅游市场基本形成；旅游收入持续高速增长；以省（市区）会、著名旅游城市、机场为结点，以高等级公路、程控电话为纽带的区域旅游交通、通讯网络已经构成；旅行社、旅游饭店等接待设施也基本满足目前的市场要求。旅游业的发展对西部经济、社会和生态建设促进作用明显，成为吸纳劳动力就业的重要领域和产业结构调整的有效途径。

相比较而言，与东部比较，游客对西部的山水风光、文物古迹、民俗风情、旅游购物和节庆活动有更多偏爱，但西部地区旅游业的总体水平比东部要弱。表现在产业规模小，从业人员少，经济效益不高，旅游产品开发处于初期阶段，旅游商品开发刚刚起步，景区景点的可进入性有待改善，资源优势远未发挥。

西部各地区发展不平衡，云南、广西和陕西已进入全国旅游业先进行列，西藏、青海、宁夏则相对落后。

西部地区旅游业发展虽存在着诸多问题，面临着诸多挑战，但也有良好的发展机遇和优势。在可预见的将来西部地区将成为中国实现世界旅游强国目标的新增长极。

一、西部旅游业发展的简要回顾

改革开放以来，西部旅游业发展可以分成三个阶段，1992年以前为起步阶段，1992～2000年为快速发展阶段，目前进入全面开发阶段。

（一）以入境旅游为主的起步阶段

和全国一样，西部旅游业发展也是从外事接待开始的。1978～1992年期间，西部旅游主要以入境旅游为主，国内旅游形态自发、市场无序。和国内旅游比较而言，西部地区入境旅游虽起步早，发展速度快，但规模小，波动大。

西部各地区的旅游管理架构最早也是从外事管理系统分离出来的，至今仍留有印记，目前部分县市，甚至地市旅游局与外事办还是一套人马，两块牌子。

西部入境旅游是从西安兵马俑、长江三峡、路南石林、桂林山水和敦煌莫高窟等几个国内外著名的景区、景点开始的。早期的客源市场以港澳台为主，后逐渐延伸至东南亚，特别是日本和韩国，到20世纪80年代中后期，陆续开辟了欧美国家的市场。

总体看，这期间的西部地区旅游业是在波动中发展、在探索中前进。

（二）国内旅游迅速兴起的快速发展阶段

1992年邓小平南巡讲话以后，特别是“九五”以来，西部旅游业发展步入了快车道。一是邓小平南巡讲话进一步推动了思想解放和改革开放；二是经济发展的总体水平和人民群众的收入水平大为提高；三是中央明确肯定了国内旅游总体发展方针。

1993年国务院批转了国家旅游局提出的“培育市场，加强管理，提高质量，促进发展”的国内旅游业总体方针，使各级党委和政府开始重视国内旅游。陕西、云南、四川、新疆等省区先后出台了加快旅游业发展的政策，西部地区旅游业迎来了前所未有的大好机遇，国外、国内旅游齐头并举，步入持续、快速发展的轨道。

与此同时，西部旅游管理水平不断提高，旅游产业规模越来越大，抗御外界冲击的能力日益提高。1998年东南亚金融危机，西部旅游外汇收入减少不到一成，这主要得益于中国稳定的政治经济形势和“最安全的旅游目的地”形象，同时也说明西部地区入境旅游市场越来越成熟。

20世纪90年代开始，西部地区的国内旅游全面起步，其增长率以年均接近或超过两位数的速度增长。西部旅游国内客源地一是区内，尤其是区内的大中城市；二是东部发达地区，主要是珠江三角洲、长江三角洲和环渤海地区。前者的特点是旅游目的多种多样（包括观光、度假、购物等），游客人数多，人均花费少，重游率高。后者与前者有所区别，旅游目的比较单纯，主要是以观光为主，其次是特种旅游（科考、会议等）；游客人数相对少，重游率低，但人均花费高。

(三)伴随国家西部大开发的全面发展时期

进入21世纪,伴随着全国旅游业的大发展和国家西部大开发战略的实施,西部旅游业开始进入全面发展的新时期。目前西部各省(市、区)都将旅游业纳入国民经济计划,并制定了专门的旅游业发展规划,提出把旅游业作为新的经济增长点乃至主导产业、支柱产业来培育,从而加大了旅游业人力、物力和财力投入。西部旅游业日益呈现出全面振兴和繁荣的局面。

据统计,"九五"期间,全国旅游收入年平均增长率是17%,旅游人数年平均增长率为4.6%,其中涉外收入年平均增长率是13.2%,入境人数年平均增长率为12.5%。同期,西部地区旅游年平均收入增长率为20.02%,旅游人数年平均增长率接近11%,其中涉外收入年平均增长率为15.27%,入境人数年平均增长率约为9%。

2000年,全国旅游收入4519亿元,占当年全国GDP的4.72%,旅游人数为8.27亿人次,其中,国内旅游人数为7.44亿人次,国内旅游总收入3175.64亿元(人均旅游花费426.6元);涉外旅游收入162亿美元,入境人数3112万人。西部地区旅游收入1053亿元(占全国的23%),占当年西部地区GDP的6.32%,旅游人数约2.1亿人次,约占全国的25%①;其中,涉外收入18亿美元,占全国的11%,入境人数491万人次,占全国的16%。

二、西部旅游业发展特征分析

(一)资源开发与景区景点建设

1.资源开发潜力巨大,景区景点特色鲜明

西部旅游资源数量多,分布广,目前已经开发的景区景点数千个,但仍未超过资源总数的1/7,资源潜力十分巨大。

在丰富、独特旅游资源的基础上,西部已开发出观光、度假、会议、考古等10余种旅游产品,形成山水风光、文物古迹和民俗风情三大旅游品牌。西部各省(市、区)在旅游景点、重点景区、区域旅游线路和部分旅游城市建设上,加大了开发、宣传力度,取得了重大的进展。如四川的九寨沟、峨眉山、乐山大佛,重庆的长江三峡,贵州的黄果树瀑布,西藏的布达拉宫,陕西的兵马俑、西

① 由于西部地区部分省区统计资料缺乏,西部地区旅游总人次是课题组推算的。另有统计资料指出,西部地区旅游过夜人次约5000万,大约占全国的22%。

安古城、华山，甘肃的敦煌、丝绸之路，宁夏的沙湖和沙坡头，青海的塔尔寺、青海湖，新疆的天山、吐鲁番，广西的桂林山水，内蒙古的草原风光、沙漠旅游、边境旅游等形象已经深入人心。云南继成功推出西双版纳、石林等拳头旅游产品后，近年又成功举办世博会，推出丽江古城、香格里拉等旅游品牌，旅游目的地的形象得到巩固，知名度大为提高。到2000年为止，西部有国家级风景名胜区43家，占全国的36%；全国4A级景区景点57家，占全国的30%；优秀旅游城市25个，占全国的20.49%，形成了巨大的旅游吸引力。

2. 与东部比较，游客对西部的山水风光、文物古迹、民俗风情、旅游购物和节庆活动情有独钟

西部旅游资源吸引力明显高于东部的旅游资源有：

（1）自然（山水风光）。由于西部特殊的地理气候环境，形成了以高原、峡谷、盆地为主体的完全不同于东部以平原、丘陵、三角洲为主体的自然景观组合，而前者对游人的吸引力远远大于后者，这是大自然对西部最丰厚的馈赠，也是西部最具开发潜力和无可替代的资源（图3－1）。

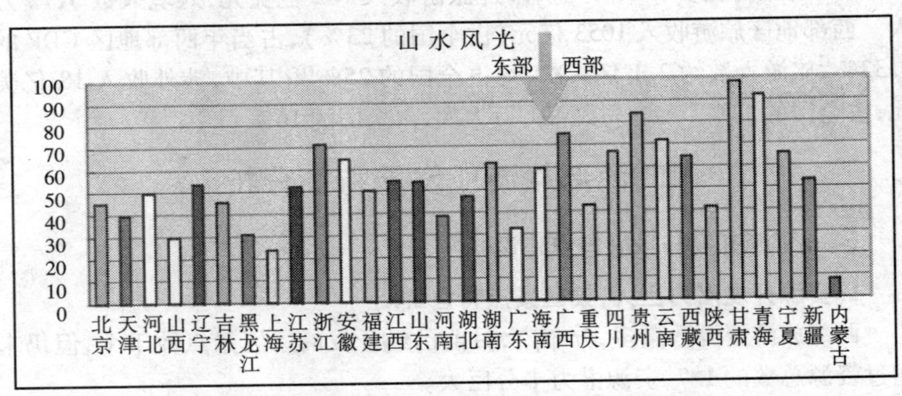

图3－1 东西部山水风光对游客的吸引力对比

（2）民俗风情。特殊的地理气候环境同时造就了特殊的民俗风情。由于历史的原因，西部一直是少数民族居住相对集中的区域，不同的民族在漫长的人类历史中，逐渐形成了自己特有的地方传统习俗和民族风情，如北方风情，大漠丝路情怀，西南民族风情等，都是风景有形，文物有迹，异彩纷呈，这些特点极为鲜明的各族传统风情，自然引起游人极大的旅游兴趣（图3－2）。

（3）文化艺术 。从敦煌壁画、广西的壮族山歌、四川的川剧到贵州、云南、西藏、新疆、内蒙古的少数民族舞蹈，每一种文化艺术形式都曾经有过最辉煌时刻，是世界文化艺术宝库中独一无二的奇葩。由于其独特性和稀有性，西部的文化艺术比东部更能吸引世人好奇的目光（图3－3）。

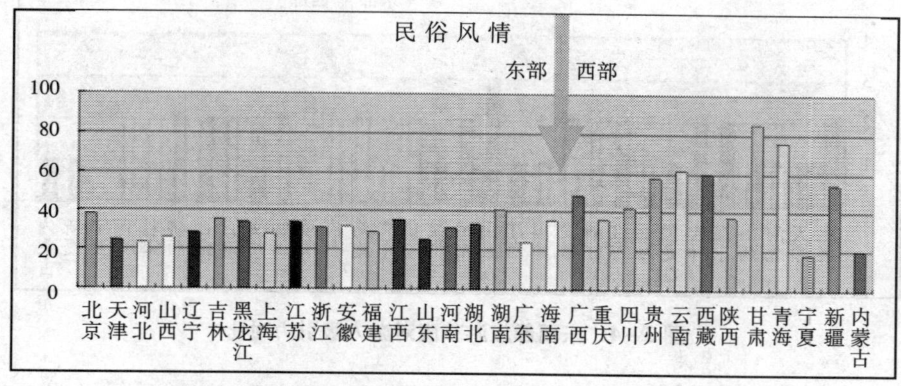

图3－2　国外游客对各省市区、对民俗风情的兴趣对比（%）

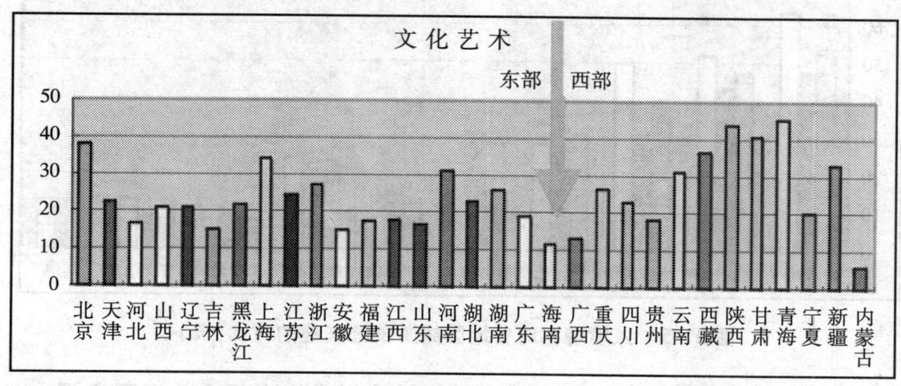

图3－3　国外游客对各省市区、对文化艺术的兴趣对比（%）

（4）节庆活动。和西部的民俗风情、文化艺术一样，西部的节庆也有很浓厚的民族特点，也具有独立性和不可替代性，其中伊斯兰教的开斋节、甘肃藏族的香浪节、蒙古族的那达慕大会、四川自贡的灯会、云南傣族的泼水节、彝族的火把节、白族三月街、纳西族的游春节、贵州苗族、侗族的芦笙节、苗族龙船节、侗族赶歌节、布依族三月三节等，都以其独特的魅力吸引了来自世界各地的游人热情的参与（图3－4）。

(5)西部其他旅游资源与东部对比情况(图3-5)。

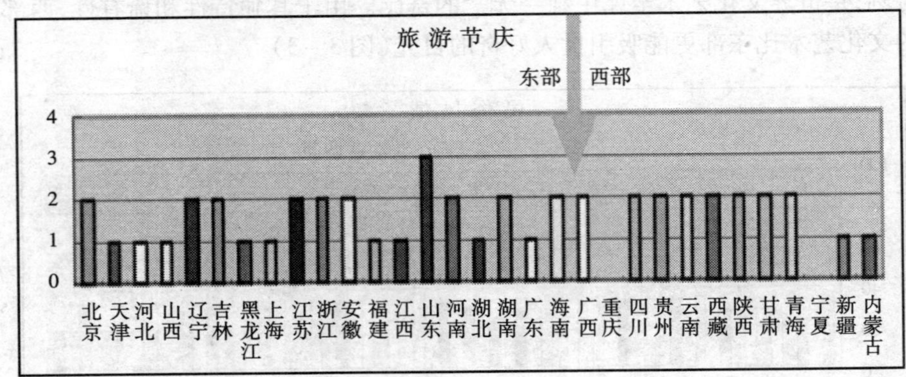

图3-4 东西部旅游节庆对游人吸引力对比

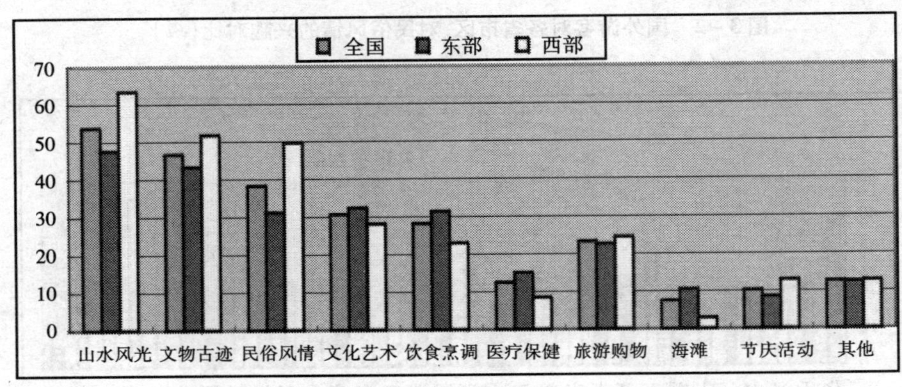

图3-5 入境游客对各地区旅游资源兴趣的对比(%)

3. 资源优势转换有待提高,旅游的深层次开发还有很大的发展空间

西部旅游资源数量多,质量好,但资源潜力远没有得到充分发挥。为了推动西部旅游业的加速发展,国家计委、国务院西部开发办、国家旅游局等先后作出决策,在西部地区优先建设旅游扶贫实验区、生态旅游示范区、国家旅游度假区,重点培育西部旅游重点项目,改善西部旅游环境,提高西部旅游从业人员的职业素质等,尽可能将西部地区蕴藏的旅游资源优势转化为现实的经济竞争力。

目前西部地区旅游接待硬件条件较好,宾馆档次、床位数量、餐饮、景点容量等,基本能满足近期的市场需要。从业人员数量有保障,服务质量、规章制度等,正在得到逐步的完善和提高。主要的问题是景区、景点卫生、环境保护跟不上,连接各景点之间的交通状况亟待改善,各景区、景点以及跨地区间的联合与协作有待加强。在保证与原有资源协调的基础上还可以增加更多的具有现代化气息和高科技含量的旅游项目。

(二)基础设施建设

和"八五"、"九五"时期相比,近年来西部地区交通条件大为改善,旅行社、旅游饭店等接待能力大为提高,新的旅游景区、景点不断涌现。目前西部拥有通航机场接近50个,所有省市区首府和主要旅游城市都拥有较现代化的民用机场,一些边疆地区、少数民族地区、地面交通不便地区也拥有相应规模的民用机场或军民两用机场,新疆、云南还形成了一定规模的支线航空网络。国家铁路通车里程2万多公里,铁路网密度32公里/万平方公里;公路里程43万公里,其中等级公路429850公里,高速公路2529公里,公路网密度0.0651公里/平方公里;载客汽车165万辆,占全国22%,平均46辆/万人;内河航运21922公里,占全国19%,平均0.0033公里/万平方公里。

西部通讯条件近年有很大改进。目前每万平方公里拥有邮电局所近40个,邮路密度0.16公里/每平方公里,每百人拥有电话4.1部,公用电话密度0.078部/平方公里。

以省会、旅游城市为核心,以机场和高等级公路、程控电话为重点的区域旅游交通、通讯设施建设取得突破性进展。高等级公路和大部分国道、省道提级改造相继完成;欧亚大陆桥、南昆铁路、内昆铁路、宝中铁路开通;省会城市及众多旅游城市的机场如咸阳机场、昆明机场、兰州机场等也先后完成了改扩建或新建,敦煌机场正在进行新的扩建;近年来,旅游直达列车、旅游包机、豪华旅游客车、游轮开通数量不断增加,重点风景区客运索道陆续投入运营,景区景点的可进入性显著增强,制约西部旅游发展的交通"瓶颈"现象得到一定程度的缓解。

西部地区大的交通问题虽有改善,但和东部地区相比,西部地区旅游景点景区总体的可进入性仍然较差。由于西部景区、景点的位置大多远离经济重心、人口重心,而且分布很散,相当一部分景区、景点没有铁路、高速公路相连,交通十分不便。敦煌、九寨沟、青海湖、西藏广大地区,旅游吸引力很大,但游客数量增长不快,原因就在于此。2001年"十一"黄金周,困在九寨沟的游客数以千计。

(三)市场开发

西部地区旅游客源市场可以分为入境(洲内、洲际)、国内东部地区和西部地区本身。目前这三大市场已经全面形成,国内外游客数量持续增加。

1. 入境市场形势喜人

2000 年,西部地区旅游人数(过夜)达到 5000 多万人,占全国的 22%,其中入境人数 491 万人次,占全国的 16%。"九五"期间,西部地区旅游人数增长率达到了 11%,是全国平均水平的 2 倍多。"十五"以来,这一强劲的增长势头仍得以保持。

(1) 洲内市场。洲内市场主要包括中国港澳台地区市场、东北亚(日本、韩国)、东南亚市场(马来西亚、新加坡、菲律宾、泰国等国)。洲内市场是西部入境客源市场的主体,占入境游客的 75% 以上,高于全国 60% 的水平。其中港澳台地区是西部的洲内市场中最大的海外客源输入地,游客规模目前已经接近 200 万人,占总市场份额的 36.5%,并以较为平稳的速度增长。东北亚市场是西部最大的国外客源输入地,其中日本是最大的客源输入国,入境游客达到 66.05 万人,韩国则是西部入境客源增长最快的国家。旅游市场发展符合距离衰减规律。从长远看,洲内市场仍是西部地区最重要和最为稳定的客源市场。

(2)洲际市场。主要指欧洲市场(俄罗斯、英国、德国、法国、意大利等国)、北美洲市场(美国、加拿大)、大洋洲市场(澳大利亚、新西兰)。欧洲市场是西部地区列第二位的海外入境市场,约占总数的 15%;北美市场(美国、加拿大)紧随其后,约占 10%;大洋洲市场所占份额最小。北美市场在"九五"期间增长较快,美国紧随日本为西部第二大客源发生国,且增长速度仅次于韩国。欧洲市场也一直保持较为温和的态势,大洋洲虽然增长速度较快,但因基数很低,对市场结构几乎没有产生实质性的影响。

2. 国内东部地区市场快速增长

经验表明,当人均 GDP 达到 400 美元时,国民将普遍产生旅游动机。1985 年以后,我国人均收入已超过这一数值,2000 年人均 GDP 已达 700 多美元,城市人口更是达到 1000 美元以上。利用闲暇时间外出旅行已经成为我国民众生活的重要组成部分,大众旅游在中国显现加速增长的态势。据统计,2000 年全国国内旅游人数为 7.44 亿人次,人均旅游花费 426.6 元,全国国内旅游总收入 3175.64 亿元。预计今后一段时间,国内旅游仍可保持年均 12% 的速度增长(比国内生产总值的增长率高出 4 ~ 6 个百分点),并成为拉动国内需求的一支重要力量。

东部地区9亿多人口构成了西部地区巨大的客源市场。环渤海经济圈、长江三角洲地区、珠江三角洲地区经济发达、城市化程度高、人口分布十分稠密,居民的收入高、出游率高、购买力旺盛,且需求多反复,是我国最主要的客源输出地区。由于沿海地区在自然风光和人文旅游资源上与西部有较大的反差,西部地区的特色旅游资源对沿海游客充满了吸引力。

3. 区内市场逐渐启动

西部地区现有人口3.6亿,区内总体经济水平不高,但部分地区,特别是一些大中城市,如西安、成都、乌鲁木齐,昆明、重庆等,城镇居民收入水平较高,已具备了相当的外出旅游能力。统计资料表明,这些大中城市居民的出游率和人均花费已远远超过了全国平均水平,与东部发达地区几近一致。

在西部各景区景点接待的游客中,区内的游客人数超过了总人数的1/3。通过鼓励西部人游西部,特别是城市人游乡村、乡村人游城市,以及西北人游西南、西南人游西北,就已构成了巨大的内部游客流。

(四)产业特征

1. 规模与速度

与旅游业发达的国家和地区比较,西部地区旅游业发展规模小,从业人员多,高素质人员少。资金集中投入在交通设施和宾馆饭店、旅行社的建设上,景区景点的建设投入少,资源优势没有得到充分的发挥。

有资料显示,目前全球旅游总收入占全球GDP的10%,中国2000年旅游总收入约占当年GDP的4.72%,西部地区旅游业总收入1053亿元(约占全国的23%),占当年GDP的6.32%,其中内蒙古、甘肃、四川、宁夏等省(市、区)只占当年各自GDP的1%~5%。在人均创造的旅游收入方面,目前世界平均水平约为75美元/人,中国大约是44美元/人,而西部地区仅36美元/人。

目前,西部旅游业从业人员132万人,占全国的23.42%;现有旅行社数1800多家,旅行社从业人员接近4万人;旅游饭店2407个,其中星级宾馆1328个,占全国的22%;五星级、四星级和三星级宾馆各有21个、50个和332个,分别占全国的18%、14%和17%;旅游饭店总床位36万多张。

从固定资产投入看,不论是全社会平均,还是旅游业劳动力平均,都是东部投入强度较大。东部各项总量指标是西部的2~4倍。

西部地区不仅旅游业总体规模比东部小,各旅游企业也呈现出小、散、弱、差的特点。每个企业平均不到18人(东部大约是22人),与规模经营还有相当的距离。

表 3-1 全国、东部、西部主要入境旅游经济指标比较

地区	入境人数(万人)		旅游创汇(亿美元)		"九五"年递增(%)	
	1995 年	2000 年	1995 年	2000 年	入境人数	旅游创汇
西部	266.12	490.65	7.79	15.85	13.1	15.27
东部	1377.61	2479.47	72.14	121.11	12.47	10.92
全国	1728.15	3112	82.48	143.26	12.48	11.67
占全国(%)	15.3	15.8	9.4	11.1		

过去的 5 年,西部地区旅游业飞速发展。图 3-6 是部分省(市、区)"九五"期间的总体情况。除个别省(市、区)外,西部的各项速度指标都高于全国的平均水平。在涉外旅游方面,西部地区的增长速度也高于东部地区,其中外汇收入高出 4 个百分点(表 3-1)。旅游外汇收入增长速度最快的是陕西,为 48.35%,以下依次为西藏 36.57%,广西 20.44%,云南 15.49%,均远远高于全国的平均水平(11.67%)。但西部其他省(市、区),如新疆、内蒙古等的发展速度尚不尽如人意。

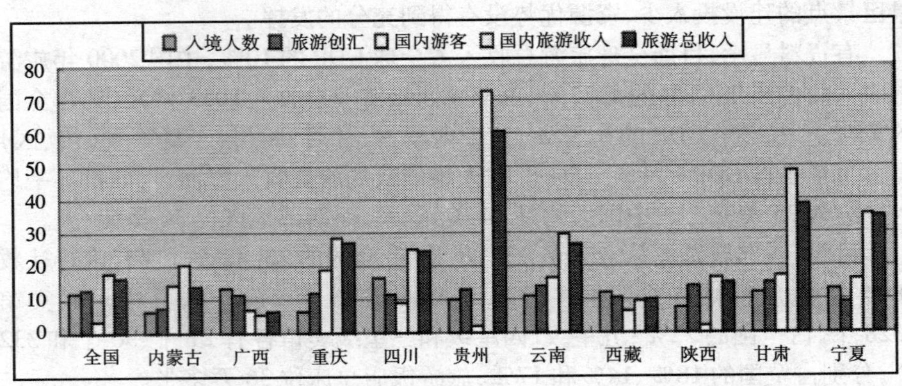

图 3-6 部分省(市、区)"九五"期间旅游业发展速度及其与全国的对比

2. 西部旅游业的收入水平和结构

(1) 国内旅游略好于国际旅游,景区景点的收入需要提高。旅游业收入

包括入境旅游、出境旅游和国内旅游收入三大块。由于经济发展水平的限制，西部地区居民出境旅游尚处于起步阶段，入境旅游和国内旅游则得到了一定程度的发展。2000年，西部接待入境旅游者491万人次，占全国16%；旅游所创造的国际外汇收入达到16亿美元，占全国的11%；国内旅游1053亿元，占全国的23%。可见西部地区国内旅游的收入相对于国际旅游的收入要略好一些。

旅游企业收入的对比情况是：景区景点收入与旅行社收入、旅游饭店收入之比，全国为1:2.32:4.26，其中东部是1:2.11:4.17，西部是1:4.48:5.16。西部地区旅游景区景点的收入相对较低，客观原因是西部旅游景区景点分散，游客耗费在路上和住宿的时间及费用相对较多。从住宿率看，西部并不高，说明西部的景区景点内容单调，综合开发的力度不够，旅游资源的潜在价值并没有完全体现出来。

（2）旅游产品开发处于初期阶段。旅游开发有四个阶段，“有什么开发什么”的资源开发阶段、“人家干什么我干什么”的模仿开发阶段、“市场需要什么就开发什么”的市场导向阶段和“开发什么推销什么”的引导市场阶段。这四个阶段是由低向高、依次递进的。总体上说，我国东部地区大多已经进入后两个阶段，西部地区12个省（市、区）则参差不齐，有的景点景区的开发已经跨越了前两个阶段，但大多数仍处在第一阶段，主要依托于资源，包括自然资源和文物古迹资源；城市旅游项目建设主要是学习东部地区，个别项目引用了国外的模式。

（3）旅游商品开发刚刚起步，已经形成了一定的规模和知名度。西部已经形成一些有影响的旅游商品，工艺美术品有广西的织锦、贝雕、石刻、角雕、坭兴陶、山水盆景；贵州的安顺蜡染、玉屏箫笛、大方漆器、布依地毯、牙舟陶器、贵州芦笙、苗族刺绣、挑花；云南的大理石工艺品和少数民族手工艺品等等。名优土特产品有名酒（贵州茅台、董酒，四川五粮液、泸州老窖）、名烟（云烟）、名茶（云南普洱茶）、名药材（贵州天麻、杜仲、黔党参，云南白药、三七、天麻等）、名特产（云南宣威火腿、贵州威宁火腿、独山盐酸菜，绥阳空心面、竹荪、香菇、木耳和毕节麻核桃等，广西桂圆肉、合浦珍珠、云木耳、银耳、冬笋等等）、名水果（广西沙田柚、荔枝、龙眼、菠萝、菠萝蜜、香蕉、芒果，贵州刺梨、猕猴桃、夏橙，四川川橘等）、名菜小吃（川菜菜系，贵州八宝汽锅脚鱼（鼋鱼），以及西南各省市花样众多、风味各异的民族食品、地方小吃，如贵州肠旺面、恋爱豆腐果、花江狗肉、遵义羊肉粉和云南过桥米线、重庆火锅），等等。

从总体上来说，西部旅游商品的开发规模不大，其收入水平和旅游业的整体收入水平相比远低于世界的平均水平。目前，世界上旅游商品销售在旅游经济中所占比例大约是50%，我国的平均水平是22%。据我们统计，西部地区旅游商品销售在旅游经济中所占比例大约只有15%，其中甘肃、青海、宁夏和新疆等旅游资源丰富的省（市、区）长期以来不到10%。

（五）人才培养、机构设置和旅游事业管理

1. 人才培养

近年来，西部各省（市、区）的高等院校大多开设了旅游、饭店管理等课程，陕西、四川、云南、广西等省市区的院校设立了旅游专业，重庆还设立了旅游学院。另外，各类形式的旅游培训工作，也日益规范。这使得西部地区旅游从业人员的素质得以普遍提高，旅游从业后备力量比较充足。

同西部地区其他行业一样，西部旅游业缺乏高级管理、营销人才，而且因为待遇、工作环境等等原因，留住人才比培养人才难度更大。

2. 机构设置

随着旅游业地位的提高，各省（市、区）、各地区都先后成立了旅游局，相当一些县市也设立了旅游局（包括与外事处一套人马、两块牌子）。虽然有的旅游局属于行政机构，有的因机构改革而划入事业单位，但都独立地行使着本地区旅游事业的管理、服务职能，人员配备也基本到位，管理编制与国家旅游局基本对应。

3. 法规建设和管理

旅游业的发展得到西部各省（市、区）党政机构高度重视和民众广泛支持，除贵州省以外，西部各省（市、区）党委、政府都做出了《关于加快旅游业发展的决定》，将旅游业当做支柱产业或主导产业来培育和发展，制定了一系列优惠政策（表3－2）。

至今，四川、重庆、广西、云南已编制出自己辖区内的旅游业发展规划，青海、宁夏、新疆已编制好战略规划，贵州正在开展旅游业发展规划编制工作，西藏、内蒙古正在酝酿旅游业发展规划的编制。另外，西部各省（市、区）计委、旅游局都已经完成了各自的《十五旅游业发展计划（规划）》。

西部各省（市、区）与全国其他各地一样，在国家旅游局和有关部门的指导下，制定了有关景区（景点）管理、旅游市场管理和游客投诉处理规定，有关旅游项目的立项和审批等的规章和规范，在现实中得到落实。但西部各省（市、区）有关旅游资源开发管理和保护规章，以及有关资料的统计规章的制定和实施进展则显得参差不齐，部分地区甚至是空白。为进一步加强对旅游业的管理，西部大多数省（市、区）以及有关旅游市（县）先后成立了以书记、省长（市长、县长）为核心、各有关委办局领导参加的旅游工作领导小组，全面负责本地区的旅游事业管理和旅游资源开发。

表3-2　西部地区关于加快旅游业发展的地方性法规、政策

省区	年份	发布	名称
陕西	1985	省委	关于大力发展旅游业的决定
	1995	省政府	关于陕西省加快发展旅游业的决定
	1998	省委、省政府	关于深化旅游体制改革、加快旅游产业发展的决定
云南	1992	省政府	关于大力发展旅游业的意见
四川	1993	省政府	关于加速四川省旅游业发展有关问题的通知
	1998	省委、省政府	关于加快旅游业发展的决定
新疆	1995	政府	批转自治区旅游局关于加快旅游业发展的通知
西藏	1996	政府	关于加快发展旅游业的决定
甘肃	1997	省政府	关于加快旅游业发展的决定
重庆	1998	市委、市政府	关于培育和发展旅游业的14条政策措施
青海	1998	政府	关于加快旅游资源开发的若干决定
宁夏	1999	政府	关于加快发展旅游业的决定
内蒙古	1999	党委、政府	关于加快发展旅游业的决定
广西	1997	党委、政府	关于加快旅游业发展、建设旅游大省的决定

资料来源：《旅游调研》及各省区市旅游局有关文件。

（六）各省（市、区）旅游业发展不平衡

西部12个省、市、区面积辽阔，地区差异很大。各地旅游资源品位和丰度有异，旅游开发过程、旅游产业结构迥然有别，旅游发展水平相差也较大。

1. 发展水平相差悬殊

就旅游总收入而言，云南、陕西、四川、重庆、四川、新疆名列全国中上水平，贵州、甘肃、西藏、内蒙古、青海和宁夏则相对较低。

据2000年资料，云南、广西、重庆和陕西旅游业总收入占当地的GDP达到了7%以上，高于全国的平均水平（4.72%）；内蒙古、宁夏、甘肃、青海则不足3%，远低于全国的平均水平；其他省（市、区）在4%～7%之间。

从人均收入情况看，云南、重庆最好，超过400元/人，高于全国平均水平（364元）；广西、新疆和陕西次之，达到或接近全国平均水平；甘肃、宁夏、内蒙

古和青海只有约100元/人左右;其余省份都在200~300元之间。

从全社会人均固定资产原值的情况看,内蒙古、贵州、宁夏(200元)高于全国的平均水平(165元),除四川、陕西外,其他省份也达到或接近全国平均水平。这说明西部大部分省(市、区)游客数量较少,加上旅游的淡季较长,造成了资源和设施的闲置。

西部12个省(市、区)旅游业发展速度差异很大。甘肃、贵州由于起点低,近年旅游业发展速度快。云南、重庆旅游业近年来也持续发展,维持了较高的增速。广西旅游业已经步入稳定增长时期,增速趋于平缓。西藏旅游业尚在起步,由于特殊的地理环境,国内游客增加缓慢。在涉外旅游方面,陕西、西藏、青海等省区发展得较快,新疆、内蒙古相对迟缓。

2. 结构的差异明显

全国旅游企业从业人员占全社会从业人员的比例为0.78%,西部地区平均0.72%,其中该比例超过全国平均水平的有宁夏、西藏、新疆和内蒙古,这些省区人均旅游收入并不高,主要是社会从业人员基数小,所以比例数较大;低于全国的是四川、云南、广西和陕西。这些省区是旅游大省,人口基数大,劳动力就业人数多,所以旅游从业人员相对比例反而偏低。

从一个地区的旅游外汇收入与旅游营业收入之间的比值可反映该地区旅游外向性能力,此比值越大,说明该地区旅游业的外向性越强。据统计,西部地区的旅游外向性远远低于全国的平均水平。其中,内蒙古、西藏涉外旅游外向性很强[①],宁夏、青海、重庆基本上是以国内旅游为主,其他省份也以内向性为主。

三、西部旅游业的贡献评价

(一)经济效益

1. 旅游业成为新的、重要的经济增长点

2000年西部地区旅游业总收入达到1053亿元,占当年GDP的6.32%,成为国民经济新的增长点和扩大劳动力就业的主要途径。其中,西安、昆明等城市,旅游业所创造的总收入已经相当于当地GDP的10%~20%,成为当地的支柱产业。按旅游业每收入1元带动GDP增长4.3元来计算,当前旅游业

① 内蒙古主要是边境贸易算入外汇收入,西藏则是由于国内游客不多造成的。

为西部地区带来的总收益超过4500亿元人民币。

2. 旅游业是部分地区财政收入的重要来源和脱贫致富的重要途径

旅游业已经成为西部部分地区增加政府财政收入,解决居民脱贫致富的重要途径。据估计,近年通过旅游业脱贫的人口超过了300万人。作为中国第一个旅游扶贫试验区的六盘山旅游扶贫试验区,曾是中国最贫穷的地区,但该地区旅游资源丰富,素有“黄土高原绿岛”和“天然动植物园”美誉,是“丝绸之路”东段北道必经之地和兵家用武的要塞,北方游牧文化与中原文化的结合部,回族穆斯林的主要聚居地,同时也是红军两万五千里长征胜利会师之地。经过几年的旅游开发,将旅游、生态保护和扶贫开发统一起来,逐渐发展成为西北生态环境游、高原风光窑洞游、峡谷探险游、荷叶溪水赏花游、回族村寨风情游、长征路上重走游、历史文物寻古游、须弥山石窟游等特色旅游的重要旅游目的地,有力地推动了当地的经济发展,财政收入显著增加,基本上解决了居民的温饱和就业问题。

3. 直接经济效益有待提高

从全社会总体看,西部地区旅游经济直接效益由于统计的口径不规范,利税总和表现为负值。从每个从业人员所占用的固定资产指标看,西部地区要高于东部地区。虽然目前西部旅游正处在大投入、大开发时期,直接的经济效益还没有显示出来,但对此需要加以重视(表3-3)。

表3-3　西部地区旅游业经济效益及其与东部地区的对比

地区	每百元固定资产创造的营业收入(元)	每百元固定资产创造的利税(元)	利润率(%)	全员劳动生产率(万元/人)	人均利税(万元/人)	人均固定资产原值(万元/人)
西部	0.1370	-0.0029	-5.77	1.51	-319.93	409.89
东部	0.3573	0.0174	1.37	4.15	2015.24	553.19
全国	0.3078	0.0128	0.65	3.53	1468.24	512.85

(二)社会效益

1. 旅游业成为吸纳劳动力就业的重要领域

西部地区虽然地广人稀,但因经济发展水平不高,社会吸纳的劳动力数量有限。旅游业的兴起,一定程度上缓解了景区景点附近居民的就业压力。

2000年西部地区旅游业所创造的直接就业岗位130多万个,总就业岗位接近800万个。

2. 旅游业有效推动了软环境建设

旅游业的发展有效地推动了西部基础设施建设和软环境建设,包括改变人们的旧有观念,提高民族素质和地区经济管理水平等。通过客流的进出,使西部人民更多地了解了外部世界的文明和其他地区的经济市场,熟悉并了解相关的国际惯例和外部世界的思维习惯;同时也使得世界人民更多地了解了中国西部地区具有的独特魅力、巨大的资源潜力,以及良好的投资环境和建设成就。对于西部产品的销售和招商引资、西部大开发政策的实施无疑有着巨大的促进作用。

3. 旅游业在一定程度上促进了民族团结和国防建设

旅游业已成为西部脱贫致富的有效途径之一,利用西部旅游的后发优势,不但可以吸引东部和中部的客源流向西部,还可以吸引东部的民间资金以投资的方式流向西部,通过这种民间转移支付的方式在一定程度上缩小了东西部之间的差距,促进了民族团结和国防建设。

4. 旅游业还促进了对文化多元性的保护和开发

西部旅游业的发展还促进了对西部文化多元性的挖掘和保护,通过旅游开发,使西部很多古老、独特的文化得以保存下来,并得到世人的认可,如云南丽江古城、贯穿于川滇藏的茶马古道等。

(三)生态效益

1. 提高了部分林场树木水土保持能力

据估计,每接待一位游客获取的收益,相当于出售一棵20年树龄的树木。为开发旅游业,西部地区很多林场已开始建设森林公园,森林职工由“砍树”变成“护树”,不仅增加了林场职工的收入,而且提高了林场的水土保持能力,使经济效益、社会效益和生态效益得到协调发展。至2000年,西部各省(市区)已建立了国家级森林公园79个,在获取很好的经济效益的同时,有效地提高了当地的生态效益,包括减少水土流失,增加珍贵野生动植物的种类和数量等。

2. 促进景区景点建设和城市周围环境的整治

实践证明,旅游业的发展,有力地促进了景区景点的建设和城市周围环境的整治、绿化和美化。截止到2000年,西部地区已有23个城市被评为优秀旅游城市。而每个优秀旅游城市的申报过程,也是城市环境整治不断完善的过程。甘肃兰州为了实现优秀旅游城市的目标，修建了40公里沿黄河绿化带，大大改变了兰州城市的形象和市民的生产、生活环境，也使黄河之水变成了清洁之水，越冬鸟类明显增多。

四、西部旅游业发展的优势与机遇、存在的问题与挑战

（一）优势与机遇

目前东部地区是中国旅游发展的基地，也是中国旅游发展的主体。但从国内外旅游市场导向分析看，中国旅游业向深层次推进，必须积极开发西部旅游资源，开发新的具有强大市场吸引力的旅游景区景点。

可以肯定，西部地区将是中国旅游业发展的后劲所在和亚洲向世界旅游业做出贡献的希望所在，是中国旅游业长远发展的战略后备基地和新世纪的旅游换代产品基地。在可预见的将来，西部地区将成为中国实现世界旅游强国目标的新增长极。

1. 西部地区旅游资源丰富独特

西部地区旅游资源举世无双。西部地区无论在自然风光、文物古迹、民俗风情这些传统的观光旅游资源方面，还是在汽车旅游、生态、探险这些特种或专项旅游资源方面，蕴藏量都远远高于东部地区。而且，已开发的资源大约占其总量的15%。

2. 国家西部大开发战略全面实施，旅游业的发展得到普遍重视和支持

国家实施西部大开发战略，重点支持西部地区的基础设施建设、生态环境改善和人才培养，以及旅游业的发展。这对西部旅游业是最直接的支持。

由于西部大开发战略的实施，使西部地区成为国内外关注的热点，提高了西部旅游的知名度和吸引力。西部将成为国内外重要的旅游目的地或旅游热线的重要组成部分，三江索源、高原览胜、沙漠探险等新兴旅游项目和线路，都大有希望。

国务院已经做出了扶持西部旅游的决定，将每年发行10亿元国债支持西部旅游开发；西部地区各级党委和政府对旅游业也很重视，有的省（市、区）甚至建立了旅游专项基金，出台了关于加快旅游业发展的决定。西部旅游业的发展也得到了社会的广泛关注，民间资金、区外资金介入的强度越来越大。

3. 中国已加入WTO，国际旅游有望取得突破

中国现在是世界旅游目的地热点之一，世界旅游组织预测，到2020年中国将取代美国成为世界第一大旅游目的地。

中国西部位于亚洲大陆的中心部位，与南亚、中亚、东欧等联系方便；西部是我国少数民族聚居的地方，而这些民族与国外联系很多，新疆与中亚的哈萨克民族、宁夏与国外的穆斯林教民，西藏与南亚国家，广西、云南与东南亚国家、内蒙古与蒙古国等，都有着广泛的联系。中国加入了 WTO，使境外旅游者可以更方便地进出西部，西部涉外旅游将跨越一个新的台阶。

中国加入 WTO，将进一步开放旅游市场，扩大国际客源，加快中国旅游业与国际接轨的步伐。旅游业是中国开放最早的产业，国家很早就给以西部旅游极大的政策发展空间，有了较为固定的客源和资本来源，承受冲击的能力增强，西部旅游业面临的将是加入 WTO 后迅速发展的良好环境与机遇。

4. 国内旅游热潮正在形成，中国将成为旅游大国

中国正处于实现社会主义现代化建设第三步战略部署的阶段。21 世纪前 10 年，中国国民经济年均增长速度仍将保持 7% 左右，综合国力将进一步提高，人民的生活将更加殷实富裕。随着经济体制改革的深化，对外开放的发展，经济社会的全面进步，各地基础设施建设的加快，中国旅游基础设施的建设将进一步完善，西部地区旅游资源的开发和旅游精品的建设也将随之得到改善。人民富裕程度的提高，扩大内需方针的进一步实施，也将拥有更多的国内客源。根据旅游业发展要适度超前于国民经济总体发展速度的规律，“十五”期间，中国旅游业发展速度仍将高于国民经济年均增长 7% 左右的速度，西部旅游业发展前景更加看好。

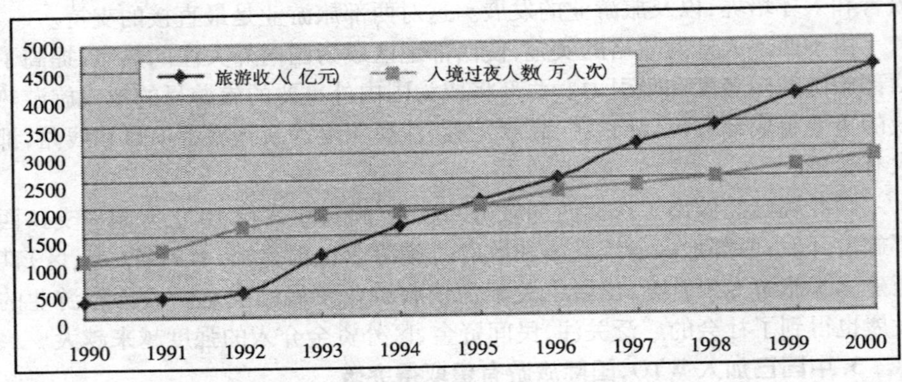

图 3－7　中国近年旅游业发展过程示意图

随着国内小康生活的到来，旅游成了与住房、汽车一样的三大消费热点之一；双休日、“五一”、“十一”长假制等，使人们的旅游消费意识增强；国家鼓励发展旅游业政策的颁布、企事业单位带薪休假、奖励旅游的启动，更使旅游业获得了前所未有的发展环境。1990～2000 年中国涉外旅游稳步发展，接待入境过夜人数增加了近 2 倍；旅游业总收入翻了 4 番，年均增长率达到 32%，见图 3－7。

(二)问题与挑战

1. 主要问题

(1)宏观政策方面。一是政策不完全到位；二是不配套，如投资政策方面，有的领域(风景区、文物等)限制太多；税收政策远没有开发区优惠(如增值税开发区是 15%，旅游企业、旅游区是 18%)；口岸准入政策等与东部沿海地区有较大的差别。

(2)行业协调方面。在政府和社会各界空前重视旅游业发展的同时，西部地区旅游业管理突出地存在着政出多门、职能不清的问题。比如，风景名胜区归建设部门管理，自然保护区和森林公园归林业部门管理，文物古迹归文物部门管理，寺庙教堂归宗教部门管理，旅游业的发展受制于多个部门。因各部门利益冲突，相互制肘的现象严重，一定程度上影响了旅游业的健康、顺利发展。

(3)区域协调方面。地区间、城市间、景区景点间缺乏经常性、稳定性的联系与协作，存在恶性、无序竞争，大区旅游市场秩序亟待完善。

(4)设施配套建设。西部地区大的交通条件已有较好的改善，但景区景点的可进入性仍然很差。

(5)重复建设。特别是市区内的游乐设施，低水平的重复建设比较严重。

(6)软环境建设方面。一是资源家底不清，二是没有建立起资源、产品、市场的信息网络；研究、开发的水平不高。

(7)法律法规。有关行业法规亟待出台，监督稽查制度需要建立和完善。

(8)规划编制和实施。目前仍有不少省区尚未制定旅游业发展规划，有的省区虽然已经制定了旅游业战略规划，但编制年代久远，不能适应新的形势。大约有一半旅游县(市)没有总体发展规划，少部分县(市)编制的规划已经过时。

(9)制度建设。与国际接轨、体现中国特色的旅游统计制度亟待出台，统计、评价指标体系需要完善，统计规范亟待制定。

(10)旅游业效益有待提高。西部地区旅游企业大多规模小,直接效益不高,抗风险能力弱。

2. 挑战

(1) 全国都在加大旅游开发力度,西部地区将面临着东部地区严峻的竞争。全国有31个省(市、区)完成了旅游业"十五"规划,其中24个省(市、区)将旅游业定位为主导产业或支柱产业。31个省(市、区)都提出要加快旅游业的发展速度,建设成旅游大省、大区。西部地区各省(市、区)也完成了旅游业的定位,但由于起步晚,基础设施差,位置偏远等,因而仍将面临来之东部省份的严峻挑战。

(2) 自身投资能力有限,生态环境脆弱。西部地区总体经济水平较低。该地区贫困县约400个,占全国529个贫困县的75%,全国3000万贫困人口有一半以上生活在西部地区。西部地区城市国有企业所占比例远大于东部,这些国有企业因转产和改制,下岗和失业人数增加,导致部分城市居民生活困难。由此,可以推测,西部大多数地区财政负担沉重,大规模地进行旅游开发和基础设施建设有相当的难度。

由于缺乏资金,西部很多地区无力进行资源普查和科学规划,导致资源开发水平不高,景区景点形式单一、档次低,很多地区出现了盲目开发和重复建设现象。这种局面将维持很长一段时间。

西部总体生态环境脆弱,西北缺水,西南缺土。如何协调旅游资源的开发与生态环境恢复和保护的矛盾,将是西部各省(市、区)政府和科研部门必须解决的共同课题。

(3)区域的协作能力有待加强。区域合作是使西部融入世界经济,分享发展成果的重要手段。东部和世界其他地方的旅游发展经验还表明,区域合作也是作为减少旅游风险的一个重要手段。目前区域合作的力度不够,仅停留在政府的层面上,要启动区域和国际的合作,没有大企业的参加是发挥不了大的作用的。国家可以通过世行、亚行、中行等,积极支持区域合作项目包括西北—北方联合体、西南—东南协作圈、大湄公河区域合作组织、西南与南亚区域经济合作组织和新疆与中亚区域经济合作组织等。

五、旅游业发展的三个误区

误区之一:旅游业是投资少,见效快的产业

这主要是一般领导干部、非旅游行业部门人士等,对旅游业作为"产业"

的地位和性质认识不足;对旅游业的理解比较粗浅所致。旅游业不仅仅是旅游景区景点的建设,其投资的领域涉及硬件投资如交通、接待设施、电讯、环保、城市建设等,软环境的建设如旅游的规划和设计、市场的开拓、人才的培养等。旅游业在资金回收方面虽然有很大的优势,但旅游业的风险不应该被规避,只有充分考虑了各项潜在的不利因素,采取应变的措施,才能立于不败之地。

误区之二:旅游风景区的人文建设破坏自然景观

很多风景区由于人文建设破坏了自然景观的整体风貌,受到界内界外的批评,特别是自然风景区的人文建筑的建设因此受到很大的限制。实际上,中国遗留的很多古代建筑和自然景观结合在一起,已经成为自然美的整体,密不可分,充分说明了在自然风景区进行人文建设是可行的,关键问题是必须要按照旅游总体规划的要求进行科学的设计。随着时间的推移,现代建筑物也可成为文物单位。目前在景区内建设的一些项目实际上并不都是规划中的项目,更不是专门为旅游的目的所设计,这里涉及到一些职能部门为了部门的利益在景区修建的一些违章建筑问题,完全可以通过行政和法律手段的干预得到解决。

误区之三:旅游开发必然破坏生态环境

随着国人生态环境保护意识的增强,人们对旅游开发所造成的对环境的破坏非常敏感,但是,人类为了自身的发展必须要对环境进行改变,特别是经济不发达的地区,其探索的过程需要付出一定的代价。相对于其他行业的开发来说,旅游开发对环境的破坏程度是最低的,而且很大部分的破坏只是暂时的,可以得到恢复和治理。更为重要的是,旅游业从本质来说是以追求人与地、人与天的和谐为卖点的,这就要求业者必须从自身的利益出发,协调开发与保护的关系。

六、西部旅游开发的四个成功模式

模式一:高起点,大规模,出极品的西安模式。

西安在20世纪80年代出土兵马俑,轰动了全世界,成为世界的八大奇迹之一。由于起点高,定位准,规模大,至今还吸引着大量的海内外游客,也成为中国旅游历史的一大奇迹。

模式二:高密度,连续推出精品,重策划的云南模式。

云南从很早就通过电影等媒体推出了像蝴蝶泉、西双版纳等品牌产品,中期又推出像路南石林等有冲击力的新品牌，近期更是高潮迭起、推出了包括丽江、世博园、香格里拉等有创意的新形象，维持了客流量的稳定增长。现阶段又开始谋划湄公河国际流域的开发，这必将产生又一次的震动。

模式三：依靠科技力量进步，发挥自然优势的宁夏沙坡头模式。

宁夏的沙坡头、沙湖是中国利用科技力量治理沙漠化的典范，在世界上有很大的影响力。通过把它们开发为旅游区，更是旅游新模式的创造，也是解决旅游开发与生态恢复的成功案例。

模式四：借助城市地位提高的效应，大手笔改造城市面貌的重庆模式。

重庆自从提升为直辖市以后，加大了城市改造的力度，随着《重庆市旅游总体规划》的编制和推行，重庆市开始了旅游城市形象的塑造工程，不但对城市进行了“五化”工程，还重视对市民的行为形象的塑造。现在的重庆正以崭新的面貌，迎接着大批海内外游客的到来。

第四章　西部旅游发展总体目标与战略构思

提　要

1. 指导思想

以邓小平同志发展旅游的经济思想和江泽民总书记“三个代表”的理论为指导，探索改革开放和加快发展的新思路，吸纳一切有利于生产力提高和加速人民生活富裕的新的科学成果和经营理念，推进经济体制和经济增长方式的根本性转变，在国家西部大开发战略框架下，把发展旅游业与西部大开发统一起来。要立足高位，放眼世界，以新思路、大手笔、高起点谋划和开发西部地区的旅游业，将西部地区旅游业的发展纳入中华复兴的宏伟规划蓝图中；要抓住中国加入WTO的机遇，实现西部地区旅游业“跨越式”发展，进而赶超东部，领先世界；要保护生态、保护文化多样性，实现旅游的可持续发展。

2. 目标

通过10～15年时间的努力，把西部建设成为中国最有区域特色的旅游胜地，亚洲的旅游中心带，世界的旅游精品极品汇聚区。使西部融入国际社会，成为中国乃至世界重要的生态旅游、极地探险旅游，中华民族历史文化和民俗风情游的目的地。

3. 阶段性发展目标

2005年，国内游客3.5亿人次，收入1700亿元，海外游客700万人次，创汇26亿美元（占全国12%）。总收入2000亿元（占全国25%），占GDP的7.5%。

2010年，国内游客接近5亿人次，收入3000亿元；海外游客1000万人次，创汇44亿美元。总收入达到3500亿元（占全国30%），占GDP的7.6%～8.0%

2015年，国内游客6.5亿人次，收入5000亿元，海外游客2000万人次，创汇65亿美元（占全国15%）。总收入6000亿元（占全国33%），占GDP的10%。

4. 总体战略

坚持政府主导与企业自主经营相结合，强调区域联动和资源共享；

走精品路线，以旅游中心城市和国家级景区景点为依托，据点式开发和点轴式开发相结合；

在自然风光游的基础上大力开展生态旅游，在保护文化多样性的基础上大力开发民俗风情游，在有效保护的基础上发展历史文化游；

创新思路，全面融入国际社会；

开拓进取，与时俱进，推动西部旅游业进入崭新时代。

一、指导思想

以邓小平同志发展旅游的经济思想和江泽民总书记"三个代表"的理论为指导，探索改革开放和加快发展的新思路，吸纳一切有利于生产力提高和加速人民生活富裕的新的科学成果和经营理念，推进经济体制和经济增长方式的根本性转变，在国家西部大开发战略框架下，把发展旅游业与西部大开发统一起来。要立足高位，放眼世界，以新思路、大手笔、高起点谋划和开发西部地区的旅游业，将西部地区旅游业的发展纳入中华复兴的宏伟规划蓝图中。要抓住中国加入 WTO 的机遇，实现西部地区旅游业"跨越式"发展，要保护生态、保护文化多样性，实现可持续发展。

二、原则

(一)经济、社会、生态三大效益统一兼顾，协调发展

强调资源开发和环境保护相结合，在保护的基础上开发，在开发的过程中保护。对于生态破坏严重的地区，如青海的三江源等，要通过科学考察，优化设计，实现生态恢复。旅游业的发展要以经济效益为中心，兼顾保护脆弱的生态环境，保护文化多样性，实现经济、社会、生态三方面协调发展。

(二)把旅游业作为西部地区国民经济新的增长点和支柱产业来培育，适度超前，实现跨越性发展

要将旅游业作为西部地区国民经济新的增长点和支柱产业来培育，整个行业要有超前意识，旅游业的发展阶段要超前于西部国民经济的发展阶段，旅游业的发展速度要超越于全国旅游业的平均发展速度，要塑造出面向未来的西部旅游形象和产品。

(三)以旅游资源为依托，以市场为导向

资源和市场是旅游业发展最基本的要素，以资源为基础，以市场为导向是

所有旅游企业实现利润的基本规律。

(四)坚持政府主导,企业自主经营

旅游业是跨产业、跨地区、跨所有制的“集成”产业,不能把旅游看成仅仅是旅游部门的工作,国务院和地方政府都应有强有力的领导班子处理旅游与环保、交通、文物、林业、农业、文化、教育、新闻、信息产业等职能部门的协调与功能化管理,在初期阶段,政府扶持的目的主要是扩张旅游规模、培育市场,构筑旅游大产业;在成熟阶段,由政府出面规范市场秩序,实现资源共享则是包括西方国家在内所有先进旅游国家的成功经验。

实践证明,只有在微观层面建立现代企业制度,实现企业自主经营,才能在宏观层面上实现产业的发展和量的增长,实现社会经济效益的最大化。

(五)适度均衡、协同发展

西部地区旅游业发展极端不平衡,从国家的角度考虑,要求适度考虑区域间的平衡。

旅游业具有高度的开放性。一个区域旅游业的发展,必须同区域外部和内部进行人员、物资、资金、技术、信息和文化的交流。同时,现代旅游资源的开发、利用和保护,旅游市场的开拓和共享不仅需要相关产业的协作,更需要区域间的合作和协同。

(六)“有所为,有所不为”,近、中、远期规模和效益相结合

西部地区地域广袤,旅游业发展水平参差不齐,旅游资源的品位和特色也因地域不同差异甚大。在西部大开发过程中,需要投入资金的地方很多,资金需要量大。坚持“有所为,有所不为”原则,才能有时序、有重点、分阶段地投入建设。重视对微观短期行为和宏观规模过大的调控,注重近、中、远期的规模和效益是所有产业或行业规划的灵魂。

(七)以国家级景区景点为龙头,合理配置其他旅游资源

要以国家级的景区景点为龙头,兼顾其他景区景点的建设,使西部旅游资源得到充分利用。

(八)强调环境保护意识,加大对文化多元性和文物古迹的保护工作,促进旅游业快速、健康、持续发展

要严格遵循建设项目环境管理的有关法规,杜绝破坏性的建设。保护民族文化、文物古迹,实现人口、资源、环境与经济社会协调和可持续发展。

三、发展目标

(一)制定发展目标的依据

(1)国家西部大开发战略中关于加快西部经济发展的决定;

(2)中国国民经济和社会发展“十五”计划和2015年远景目标纲要;

(3)中国旅游业发展“十五”计划和2015、2020年远景目标纲要;

(4)各省市区国民经济和社会发展“十五”计划和2015年远景目标纲要;

表4-1 西部各省市区旅游业定位和发展目标

产业定位			发展目标	旅游总产出/GDP×100			
地区	现状	方向		1996	1999/2000	2005	2010
内蒙古	三产先导	支柱产业	旅游大省	1.44	/1.8	4.5	7.5
广西	三产先导	支柱产业	旅游大省	1.8	7.7/		
重庆		支柱产业	旅游大市,旅游重点市、名市	4.6	/0.4	10	14
四川	三产先导	支柱产业	旅游大省,自然生态、历史文化旅游重要目的地	3.4	/3.0		
贵州		后继性支柱	旅游大省	1.5	5.3/	6.9	8.9
云南		四大支柱之一	旅游大省	5.1	/4.7		
西藏	支柱产业	形象产业支柱产业之一	中国西部和南业地区旅游胜地	3.8	5.8	8	9
陕西	新兴产业	重要支柱	旅游大省、名省	5.2	6.7/	8	10
甘肃	先导产业	支柱产业	兰州为西部旅游中心城市,全省为国际、国内旅游热线地区	1.1	2.0/	4	8.2
青海	先导产业	优势产业、主导产业	国内高原生态旅游目的地 中国最大避暑旅游基地	0.5	~	5.3	8.3
宁夏	特色产业优饲产业	支柱产业	西北特色旅游基地	0.7	/2.8	5.4	7.5
新疆	三产先导	优势产业	中国旅游业后备基地	0.5	/5.9	7.9	9.5

注:大部分省区2010年的数据是根据2005年和2015年的数据推算。

资料来源:各地区旅游业“九五”、“十五”规划。

(5) 各省市区旅游业发展"十五"计划和2015、2020年远景目标纲要(表3-1,3-2,3-3);

(6) 西部地区旅游资源的初步评价;

(7) 西部地区旅游业发展现状分析;

(8) 定性与定量相结合所进行的分析及预测结果等;

(9) 中国科学院、国家旅游局等有关专家、学者的咨询意见。

表4-2　西部各省区旅游业"十五"规划中关于发展速度的汇总(2005~2015)(%)

	接待海外游客	旅游分创汇	接待国内旅游者	国内旅游收入	旅游总收入
西部	9.66	11.18	4.75	12.94	13.03
全国	5.70	7.07	7.41	11.14	8.14
西部/全国	1.6947	1.5813	0.6410	1.1616	1.6007

资料来源:根据国家和各省区旅游业"十五"发展规划计算

(二)总体目标

通过10~15年时间的努力,把西部建设成为中国最有区域特色的旅游胜地,亚洲的旅游中心带,世界的旅游精品汇聚区。使西部融入国际社会,成为中国乃至世界重要的生态旅游、中华民族历史文化和民俗风情游的目的地。短期内要使旅游业成为西部经济增长的战略支撑点,远期成为西部各省(市、区)的支柱产业;要对中国的国民经济建设发挥举足轻重的作用。具体有:

(1)开辟8~11条国际著名旅游黄金线路(丝绸之路、长江三峡、茶马古道、桂林山水、香格里拉、黄河源头、长江源头、藏传佛教、草原文化、天府之国、边境跨国旅游等);

(2)发展15~20个世界级园区和50~60个国家级著名的风景名胜旅游区;

(3)建立一大批民族文化城镇和民族博物馆,创建一批具有显著民族特色的文化娱乐产品,建立固定的民族歌舞表演场所,推出一大批文化旅游线路;

(4)发展60~80个景观独特、基础设施完善、康体休闲活动设施丰富、配套服务设施齐全的旅游度假区;

(5)开发一大批为游客喜闻乐见的优质旅游购物品,建立一大批特色旅游购物中心。

表 4－3　西部各省区旅游业发展“十五”

地　　区	接待海外游客（万人次）		旅游创汇（亿美元）		接待国内旅游者（万人次）	
时　　间	2005 年	2015 年	2005 年	2015 年	2005 年	2015 年
全　　国	11200 ~1200 0	17400 ~2300 0	240 ~260	430 ~560	11 ~11.5*	21 ~25*
西　　部	704	1770	26	75	3.42*	5.44*
西部／全国×100	6.07	8.76	10.39	15.16	30.42	23.46
内 蒙 古	50	110 ~130	1.85	6.0 ~7.8	1300 ~1500	3800 4700
广　　西	124 ~149	269 ~388	3.26 ~3.31	7.04 ~10.14	5929 ~6498	1280 ~1686
重　　庆	33 ~34	118 ~169	2.3 ~2.5	8.0 11.0	3744 ~4111	6394 ~8087
四　　川	83	288	2.5 ~413	9	7534	12867 ~12
贵　　州	26 ~29	43 50	1.0 ~1.1	2.6 ~2.9	2600 ~2800	4000 ~4400
云　　南	150	248	6	12	4500	5573
西　　藏	19.5	44	0.6	1.31	57	115
陕　　西	110	264	5	15	4100	8400
甘　　肃	28 ~32	66 ~100	0.77 ~0.88	2 ~3	1400 ~1600	3000 ~4100
青　　海	10	42.5	0.25	1.25	500	1500
宁　　夏	3.82	14.6	0.1537	1.0	502	1133
新　　疆	36.17 ~41.48	71.15 ~98.20	1.548 ~1.694	3.342 ~4.3937	1230 ~1346	2655 ~3491

*为亿人次。资料来源：根据各省区旅游业“十五”计划及 2015 年、2020 年远景目标纲要计算、整理。

及 2005 年、2015 规划指标

国内旅游收入（亿元人民币）		旅游总收入（亿元人民币）		旅游收入占GDP(%)	
2005 年	2015 年	2005 年	2015 年	2005 年	2015 年
5350~5850	13900~18300	7340~8000	17500~23000	5.5~6	6.6~8.9
1771	5982	2017	6863	7	10
31.26	37.16	25.22	39.21	123	146
131	350~440	146	458	6.8	10.5
221~243	478~629	275	713		
212~231	719~936	242	906	10	17
558	1737~14821	578	2164~2261	9.8	17
92~100	375~420	100	400	12.9	17.5
240	430	290	534		
4.8	9.38	9.6	20.38	8	10
160	650	201.5	774.5	8	10
41~50	139~220	57	245	4	8.2
18	80	20	90	5.3	9.15
20.8	67.3	21.9	75.6	14.2	25
120.27~131.3	341.71~445.71	145.36	482.18	7.92	11.09

(三)发展阶段目标指数

西部旅游业总体发展目标,分三个阶段:

1. 第一阶段(近期,2002~2005年)

基本特征:此阶段是高速发展阶段,即以量的扩张为主的阶段。旅游业发展速度明显高于全国的平均水平(高出2~3个百分点),西部旅游经济总量占全国总量的近1/4。

经济指标:2005年,西部12省区实现接待国内游客3.5亿人次,旅游收入1700亿元;接待海外过夜游客700万人次;旅游创汇26亿美元,占全国的12%~15%。旅游业总收入2000亿元(人民币),实现旅游经济指标翻一番,旅游总收入与GDP之比达到7.5%以上;西部旅游收入占全国的比重达到25%以上(表4-4)。

表4-4 西部地区旅游业2005年发展目标指数

	入境旅游者(亿人次)	旅游创汇(亿美元)	国内旅游者(亿人次)	国内旅游收入(亿元)	旅游总收入(亿元)	旅游总收入与GDP之比(%)
西部	0.0784~0.084	25.2~27.4	3.30~3.45	1712~1872	1980~2080	7.3~7.5
全国	1.12~1.20	240~260	11~11.5	5350~5850	7342~8008	5.5~6.0
西部/全国	7.0	10.5	30	32	26	

2. 第二阶段(中期,2006~2010年)

基本特征:为快速发展阶段,即以量的扩张与质的提高相结合的阶段。旅游业发展速度高于全国的平均水平(高出1~2个百分点),旅游经济总量占全国总量的近30%。

表4-5 西部地区旅游业2010年发展目标指数

	入境旅游者(亿人次)	旅游创汇(亿美元)	国内旅游者(亿人次)	国内旅游收入(亿元)	旅游总收入(亿元)	旅游总收入与GDP之比(%)
西部	0.1258~0.1377	41.6~49.4	4.59~5.20	2803~3357	3206~3833	7.6~8.0
全国	1.43~1.72	320~380	15~17	8600~10300	11250~13450	6.1~7.3
西部/全国	8.8	13.0	30.6	32.6	28.5	

经济指标:2010年,全区实现接待国内游客接近5亿人次,旅游收入3000

亿元；年接待海外过夜游客1000万人次，旅游创汇44亿美元以上。西部成为中国旅游地域系统中的热点地区，旅游经济实力大大提高，总体旅游指标占全国的比重达到30%。旅游业在西部国民经济中普遍成为支柱产业，成为富民兴西的主体经济。旅游总收入达到3500亿元，与GDP之比达到7.6%~8.0%(表4-5)。

表4-6　西部地区旅游业2015年发展目标指数

	入境旅游者（亿人次）	旅游创汇（亿美元）	国内旅游者（亿人次）	国内旅游收入(亿元)	旅游总收入（亿元）	旅游总收入与GDP之比(%)
西部	0.1740~0.2070	65~48	6.51~7.75	4587~6039	5600~7360	9.0~10.0
全国	1.74~2.30	430~560	21~25	13900~18300	17500~2300	6.6~9.0
西部/全国	10.0	15.0	31.0	33.0	32.0	

3. 第三阶段(远期,2010~2015)

基本特征:持续发展阶段,即以质量提高为主的阶段。旅游业发展速度略高于全国的平均水平(高出0.5~1.0个百分点),旅游经济总量占全国总量的近1/3。

表4-7　西部旅游业规划速度及其与全国的对比(%)

		接待海外游客		旅游创汇		接待国内旅游者		国内旅游收入		旅游总收入	
		低	高	低	高	低	高	低	高	低	高
西部	2000~2005	9.81	11.34	9.83	11.68	9.67	10.65	13.18	15.22	12.62	14.58
	2005~2010	9.92	10.39	10.54	12.51	6.82	8.55	10.36	12.39	10.94	13.12
	2010~2015	6.70	8.49	9.34	11.20	7.24	8.31	10.35	12.46	11.80	13.82
全国	2000~2005	7.50	9.00	9.86	11.63	8.31	9.10	10.15	12.13	9.80	11.70
	2005~2010	5.01	7.47	5.92	7.89	6.40	8.13	9.9	11.98	8.92	10.95
	2010~2015	5.0	7.0	6.0	8.0	7.0	8.0	10.0	12.0	9.24	11.33

经济指标:2015年,西部12省区实现接待国内游客6.5亿人次,旅游收入5000亿元以上;接待海外过夜游客2000万人次;旅游创汇65亿美元,占全国的15%以上。旅游业总收入达到6000亿元(人民币),旅游总收入与GDP

之比接近10%以上;西部旅游经济总量占全国总量的近1/3(表4-6)。表4-7显示西部地区旅游业各项发展指标略高于全国,这是合理的,也是必须要做到的。

四、总体战略

坚持政府主导与企业自主经营相结合,强调区域联动和资源共享;

走精品路线,以旅游中心城市和国家级景区景点为依托,据点式开发和点轴式开发结合;

在自然风光游的基础上大力开展生态旅游,在保护文化多元性的基础上大力开发民俗风情游,在有效保护的基础上发展历史文化游;

创新思路,全面融入国际社会;

开拓进取,与时俱进,全面推动西部旅游业的发展。

五、西部开发保障战略

为充分保证总体开发战略的实现,建议实施以下五大保障战略。

(一)科教兴旅战略

加大科技投入,尽快实施"金旅工程";加强人才培养,提高劳动生产率;提高各项投入的产出效益,提高产品的科技含量和附加价值;向科教要产品,向科教要效益,向科教要发展。

(二)以法治旅战略

加强法制观念,加大执法力度,通过制定和完善旅游业法规和政策,规范企业、从业人员行为,严禁坑客、宰客现象发生。

无论是对游客,还是对旅游企业或旅游从业人员,既注重以人为本,处处体现出人文关怀,又要严格按规章制度办事。

充分发挥政府的主导作用,编制旅游业发展战略和规划,规范旅游市场秩序,创造良好的旅游经营环境,促进旅游企业之间的公平竞争;依据市场经济规律加快西部旅游支柱产业的建设步伐。

(三)精品带动战略

集中人力财力物力,高起点,大手笔,开发精品、极品,重点培育和建设一批国家级和世界级的名牌旅游产品。力争经过10~15年的培育和建设,使西部拥有一系列世界水平的名牌旅游产品,各省区拥有系列的国家级旅游名牌产品。

（四）外向牵动战略

根据市场的需要和变化开发产品、组织线路；进一步扩大对内对外开放与合作领域，全面与国际对接；加大招商引资力度，引进先进技术和管理经验，提高旅游开发和管理效益。

（五）区域协调发展战略

树立“大区域旅游观”，建立现代信息通道和高效的协调机制；加强区内各省市区人、财、物的交流，在大区层面上实现旅游资源、市场、信息的共享；充分平衡各地区的利益，全面发挥各省市区发展旅游的积极性。

六、总体战略的实施步骤

与总体目标相对应，总体战略的实施分三步走。

（一）交通先行，点线突破；一手抓品牌，一手抓生态；联合抢占市场

加快公路铁路的建设步伐，初步构建西进东出的空中走廊，水路以长江三峡为突破口，带动黄河流域、珠江流域、湄公河沿线的开发。加大现有景区景点秩序整顿力度，打通制约重要旅游景区景点发展的“瓶颈”，提高旅游景区景点的客流容量；依靠国家已经启动的多个大型生态工程、扶贫工程的建设，把生态旅游、扶贫旅游项目配套就位。

使观光旅游、民俗风情游、文物古迹游成为国内著名的、有国际影响的大众旅游品牌。生态旅游要逐渐形成影响力。

建立由地方政府组织，大企业集团参与的“西北—北方联合体”、“西南—东南协作圈”，联合抢占市场份额，实现安全旅游、满意旅游。

（二）落实“T”“C”工程；全面提升旅游质量；重塑秀美山河；雅俗产品共抓；巩固已有市场

在这个阶段中，要保证已经开发的景区景点基本完善，基础设施基本到位，著名旅游线路上景区景点得到补充和维护。加强旅游人才的培养，服务质量要有明显提高。围绕长江三峡库区、青藏铁路的建成，启动跨区域的旅游项目和旅游线路的设计，落实相关的旅游项目，构成“T”型结构；完善环西部边界口岸的旅游景点景区建设，形成环西部边界的旅游走廊，组成“C”型结构；同时完善其他跨区域的重点旅游项目和旅游线路的设计。大江大河的生态保护和恢复工程要全面到位，国家级重要景区景点的生态保护工程基本落实，山川秀美的西部雏形展现世人面前。

开发大众旅游产品与专题旅游产品。

巩固现有市场,选择性的实现以数量为主的市场向以质量为主的市场转化,实现顺利旅游,愉快旅游。

(三)树立区域旅游形象,形成亚洲旅游中心区域,抢占世界旅游产品制高点;依靠科技突破,实现量变到质变的转化;旅游全方位开放

借助东盟自由贸易区的建立、上海会议合作组织功能的延伸,确立西部在亚洲旅游中心区域的地位,重点落实国际旅游线路的开辟和重点民族文化和民俗风情园的建设,以大中华文化之根立足世界旅游。为了实现世界旅游精品极品汇聚地的总目标,除现有的世界自然和文化遗产外,西部远期必须投资建立世界级的国家动物、植物园区、国家地质园区、国家民族风情园区、国家历史文化园区和国家第三极地探险园区。

对西部其他国家级的景区景点的深度开发,项目重点选择是全面提升景区景点的科技含量;加大对旅游景区内社区的建设投资,实现景区利益共享,创造一流的社会环境和秩序,强化中国作为世界最安全的旅游目的地的总体形象。

管理规范化、网络化,重点投资领域是信息化工程,最终能体现旅游业的人文关怀,实现以人为本,便捷旅游,快乐旅游。

主要开发度假旅游、专项旅游和特种旅游产品。

对生态环境极为脆弱地区和通达性差的景区景点,不再追求客流量,只创造完美的条件,对特殊的群体开放,重点延长游客滞留的时间,实行高收费。随着国家进一步的繁荣和富强,全面开放旅游市场,完全启动出境旅游,实现全方位旅游。

七、实施战略的运行模式

(一)管理模式——政府主导和集团化运作相结合

宏观协调由国家出面,国务院成立西部旅游领导小组,协调各职能部门按功能化准则管理旅游景区的开发与保护问题。对地区性的联合进行政策性指导。旅游行业的基础设施建设由国务院和当地政府引导,具体操作交由上市集团承担,鼓励境外集团的参与,微观运营由企业自主。政府主导与集团化运作要很好地结合起来。

各级政府一要认识到位，旗帜鲜明地支持旅游业发展，扎实有力地培育这个新增长点；二要工作到位，把有关部门组织起来，发挥各方面的积极性；三要思路正确，把人力、物力、财力用到刀刃上，取得最好的经济、社会、生态效益；四要扶持有力，在政策、人力等方面，都要给予倾斜，与旅游业相关的基础设施建设要给予一定的资金扶持。

旅游管理部门主要有规划、指导、协调、监督和服务职能。

组建不同层次、不同性质的旅游集团，通过集团化的运作大量引进银行资金，扩张产业。

（二）产品模式——三优转化模式

以优势、独特的资源为基础，积极创新，突出特色，塑造名牌，扬长避短。在旅游资源开发和建设中坚持“人无我有，人有我优，人优我精”的原则，不盲目照搬照套，重复建设。要突出民族特色和地方风格，充分展示西部原始、神秘、浩瀚、雄浑的自然景观和粗犷、淳朴、热情的民族风情以及千百年来形成的文化底蕴，树立起区别于其他地域的旅游形象，高起点、高立意、高水平进行规划和建设。依据国际、国内旅游市场动向和旅游者需求趋向，创造性地塑造旅游品牌，着力开发旅游精品，走出一条依托优势资源开发优势产品、依靠优势产品发展优势产业、进而带动全地区整体发展的“三优”发展模式。

（三）促销模式——区域联动与网络化结合

西部各省区之间在发展旅游业方面要加强联合，共同培育大市场，发展大旅游，形成大产业。首先是加快区内各省区间的交通建设，打通断头路；其次是争取开辟更多的跨省区的运输线和航空线，逐步形成与旅游市场相适应的立体交通网络；三是在项目建设上强调特色，避免低水平重复；四是加强信息交流，规范经营，制定协调一致的管理条例；五是共同宣传，相互促销，联合拓展市场；六是加强联合，优势互补，串点成线成网，包括与东中部旅游城市的横向联合乃至与亚、欧国家旅行社的联合，共同构建多层次、多功能的区域旅游网络，发挥规模集聚效应，拓宽与共享旅游市场。通过跨省旅游区的开发和区际旅游线路建设，实现资源的最优组合，实现“双赢”乃至“多赢”。

（四）空间模式——以旅游中心城市及国家级景区景点为依托的据点式开发和以点穿线的点轴式开发相结合

空间开发包括据点式、点轴式和网络式三种典型的开发模式。西部地区地域辽阔，旅游业发展很不平衡，不能单纯地依靠其中的任何一种，要将据点式开发模式和点轴式开发模式结合起来，即依托旅游中心城市或国家级景区景点的优先发展，使其成为旅游经济的增长极或游客集散中心，带动周边地区旅游业的兴起；依托著名旅游景区景点组织旅游线路，构造旅游产业带，进而带动相关地区旅游业的发展。西部可以成为旅游中心城市的有西安、重庆、昆明等一级中心地、乌鲁木齐、兰州、成都、桂林、呼和浩特等二级中心地，以及包头、西宁、贵阳、南宁等一大批三级中心地；国家级景区景点有长江三峡、敦煌莫高窟、九寨沟等数十个旅游景区。能够建成旅游点轴式的包括河西走廊丝绸之路旅游带、长江三峡旅游带、桂林—柳州—贵阳—昆明奇山秀水等多条旅游产业带。

（五）市场模式——靠数量型模式提高西部旅游的知名度，通过转换为质量型模式来提高西部旅游的效益

市场模式可以归纳为数量型模式和质量型模式，现阶段西部旅游要抢占市场份额，还要实行数量型模式，通过增加客流量，形成大的旅游热潮。这一阶段主要是为了增加旅游景区景点的收入，提高西部旅游的知名度。同时，通过大量人员的流动，也可以为西部吸引从区外涌入的更多商机。

西部不可能和东部一样，靠稳定的客流量来维持景区景点的收入，要尽快实现市场模式由数量型向质量型转变，这就要求西部旅游做到突出极品来打造市场，弘扬特品来抢占市场，创造精品来保住市场。尤其是对于一些可达性差，但品位极高的景区景点，要花大力气完善安全保障措施，为特殊的旅游群体着想，通过延长他们在景区景点的逗留时间，提高收费标准，达到最大的效益。

（六）资金模式——政府资金引导，国际资金辅助，吸引民间资金投入

对国家级重点项目的建设，国家要注入前期的资金。国际资金的介入也是很重要的渠道之一，因为西部很多的项目对全球的环境变化有重要影响，如西部退耕还林计划、防治沙漠化计划等，这些计划的实施既可以创造一定的旅游价值，又可以对全球的气候变化产生深刻的影响，因此成为国际关注的热点，热点就是旅游的卖点，就能吸引国际资金的介入。更大量资金的投入则还需要靠吸引民间资金的投入来完成。西部的后发优势已经把西部塑造为投资的洼地，重要的是如何管理和使用这些资金，使各方投资者有利可图，西部的旅游业才能长久不衰。

第五章　西部旅游市场开发战略

提　要

国内客源市场特征：以观光游客和探亲访友的散客为主(占总数的80%)。女性比例高于男性，青壮年为主，行政管理与专业技术人员居多，旅游者文化素质较高。游客花费相当于0.5~1.0个月的收入，消费结构以城市交通(30.4%)、市内交通(16.4%)、购物(16.4%)、餐饮(16.8%)、住宿(15.8%)为主。旅行社组织旅游者仅占7.9%。

海外客源市场特征：港澳台地区是最大的客源输出地(游客规模近200万人)，占市场总额的36.5%，洲内市场列第二位(占30%)。2000年，主要客源国中，日本列第一(66万人)，美国列第二(34.7万人)，其次为俄罗斯、韩国、德国、法国、马来西亚、泰国、英国等。入境后客流总体流向是以西南各省区以及各中心城市为主。2000年，西南区接待314.23万人，占西部数的64%，西北区接待189万人，占总数的32.3%(陕西省约占一半)。青藏高原区仅接待海外游客万余人，占总数3.7%。

西北区市场形象定位：历史文化、民族风情、大漠草原。包括大漠绿洲、丝路花雨、黄河(黄土)文化、华夏历史文化长廊、巍巍昆仑、辽阔草原，等等。建议加快淡季旅游产品开发，组建西北旅游企业集团，降低旅游门槛。国内市场近期营销重点是东部沿海发达的大中城市，入境旅游市场近期促销重点是日本、韩国、欧洲、中国港澳台地区，大力发展中蒙、中俄边贸旅游。

西南区市场形象定位：奇山异水、民族风情。包括“高峡出平湖”(变化的三峡)、世界地质公园(喀斯特独揽天下秀)、北回归线上的璀璨明珠(世界植物王国)、中华民族风情大观园、地球的净土(香格里拉)、动物乐园(国宝故乡)、世界和平长廊(边贸口岸通道)，等等。建议强化旅游品牌意识，加强区域合作；组建西南旅游企业集团，形成立体营销网络。国内市场近期促销重点是以珠江三角洲、长江三角洲和环渤海地区为主，以广州、上海、北京为突破口；入境旅游市场近期促销重点是中国港澳台市场、日本、韩国，东南亚，要重点突破日本市场和东南亚边贸旅游。

青藏高原区市场形象定位：神山圣水，民族风情与藏文化，世界屋脊。包括世界第三级(探险家乐园)、共同家园(三江之源)、茶马古道,等等。建议实施“嫁接式”营销策略,借船出海,借水行舟。国内市场近期促销重点以西南地区大中城市、北京、上海、广州等地为主。入境旅游市场近期促销重点以日本和中国港澳台等为主,要重点突破香港市场。中、远期则主攻中东阿拉伯国家、南亚(印度、尼泊尔、巴基斯坦)等国家和地区市场。

一、西部旅游客源市场分析

“九五”期间,西部地区旅游收入增长率为20.02%(全国为17%),旅游人数增长率接近11%(全国为4.6%),其中涉外收入增长率为15.27%(全国13.2%),入境人数增长率约为9%(全国为12.5%)。2000年,西部地区旅游人数(过夜)5000多万人,占全国的22%,其中,入境人数491万人次,占全国的16%。

(一)国内客源市场

根据国家旅游局的调查统计,西部国内旅游者的主要特征如下:

从性别组成看,西部国内旅游者女性比例高于男性;年龄以青壮年(25~60岁)为主。

从职业结构上看,西部国内旅游者中政府和企事业单位的行政管理人员、专业技术人员、工人、离退休人员和学生居多,旅游者文化素质较高。

从家庭月收入看,以中等收入家庭出游比例最大。

从旅游动机看,以观光游客和探亲访友为主,两者占总数的八成,其次分别为会议旅游、商务旅游、交流和专业访问旅游、宗教朝觐旅游、健康疗养旅游和其他目的的旅游。

旅游消费看,团体游客人均花费高于散客的人均花费,大多数游客旅游花费相当于0.5~1.0个月的收入。消费结构以城市交通(30.4%)、市内交通(16.4%)、购物(16.4%)、餐饮(16.8%)、住宿(15.8%)为主,门票收入有时也占比较高的比重。

从旅游消费方式看,主要以自我服务的散客为主,旅行社组织旅游者仅占7.9%。

(二)海外客源市场

1. 海外游客的构成

西部海外游客分为外国人、香港同胞、澳门同胞和台湾同胞四部分。其游客(表5－1)在各地区海外入境游客构成与东部沿海经济发达地区的游客构成有所区别,西部外国游客为主体,中国港澳台游客为辅。东部则以外国和中国香港为主体,中国澳门和台湾游客为辅。见表5－1。

表5－1　各地区海外入境游客结构分析

地区	外国人（人次）	占比例（%）	香港同胞（人次）	占比例（%）	澳门同胞（人次）	占比例（%）	台湾同胞（人次）	占比例（%）	合计（人次）
西部	3117764	63.5	526266	10.7	58829	1.2	1203786	24.5	4906645
东部	10336426	41.1	9970597	39.6	922666	3.7	3928802	15.6	25158491
全国	14679910	47.2	10238553	32.9	1044040	3.4	5160996	16.6	31123499

2. 海外客源市场的空间分布

客源市场按空间层次分为港澳台市场、洲内其他国家或地区市场和洲外市场。港澳台地区是西部海外最大的客源输出地,占市场总份额的36.5%,旅游者规模已经接近200万人。洲内市场列第二位,占海外游客的30%以上,主要是以日本、韩国为主体的东北亚市场和以马来西亚、新加坡、菲律宾和泰国为主体的东南亚市场。洲外市场中主要以西欧发达国家(英国、法国、德国等国)和俄罗斯为主,约占总数的15%;北美市场(美国、加拿大)次之,约占10%。大洋洲市场所占份额最小。这符合旅游业市场发展的地域衰减规律,与世界的旅游业市场基本格局也是一致的。

从国别看,2000年西部12个主要客源国中,日本旅游者人数已经达到66万人次,是西部最大的客源国;美国旅游者列第二位,为34.7万人次;其次为俄罗斯、韩国、德国、法国、马来西亚、泰国、英国,这7个国家入境旅游者人数在10万人次以上。其中俄、韩两国的入境旅游者接近20万人;其他国家入境旅游者人数在10万人次以下。

从旅游者的流向看,入境后客流在西部各地区分布很不均衡,总体上以西南各省区为主,以中心城市为主。西南区是海外入境旅游者的主要目的地,2000年本区接待海外游客314.23万人次,占西部海外游客总数的64%。本区海外入境旅游者基本以港澳台地区旅游者为主,约占西南入境旅游者的

60%;其次为东北亚地区的日本、韩国旅游者,约占18%;其他主要为欧美、东南亚以及大洋洲等国家旅游者。

西北区和青藏高原区接待海外游客较少。西北区2000年合计接待外国旅游者为189万人次,占西部接待海外游客总数的32.3%;陕西省接待的海外游客占西北四省区的一半以上。本区接待海外游客主要以日本、美国、德国、英国、俄罗斯游客为主。俄罗斯旅游者主要集中在新疆、内蒙古的边境地区,以边境购物游为主。

青藏高原区仅接待海外游客万余人次,占总数的3.7%。以港澳台地区、西欧、北美旅游者为主,东北亚旅游者也有一定的比重。

从旅游大区内部看,西部地区各省会城市和旅游中心城市是入境旅游者的主要聚集地和中转集散地,大多城市接待旅游者的数量都占到了本地区入境旅游者的50%以上。其中西安是西北地区最大的客源分流枢纽,接待海外游客占整个西北地区的近40%。西南各省区主要旅游中心城市接待海外游客较为均匀,除桂林外,其他主要旅游中心城市昆明、重庆和成都等在接待入境旅游者总量上相差不大。

表5-2　西部各省区和主要旅游城市接待外国入境游客比较(2000年)

城市	接待入境游客(人次)	占本区总入境游客比例(%)	省区	总入境游客(人次)	1995年至2000年入境人数年递增率(%)	各区占比例(%)
南宁、桂林、北海	1034859	84.2	广西	1229122	24.04	西南区占64%
重庆	266081	100	重庆	266081		
成都	258924	56	四川	462040	18.39	
贵阳	63058	34.3	贵州	183898	6.13	
昆明	520247	51.9	云南	1001141	10.90	
西宁	10934	33.5	青海	32592	19.64	青藏高原区占3.7%
拉萨	83714	55.8	西藏	150035	17.21	
西安	640677	89.9	陕西	712800	10.01	西北区占32.3%
兰州	42597	20	甘肃	213104	18.58	
银川	5931	76	宁夏	7807	16.09	
呼和浩特	21780	5.6	内蒙古	391943	5.43	
乌鲁木齐	144830	56.6	新疆	256082	4.70	

从旅游兴趣看,海外游客对西部的山水风光、民俗风情、文化艺术、节庆

活动情有独钟，对山水风光和民俗风情满意度最高。

从旅游目的看，海外游客到西部以观光、度假最多，商务旅行者次之，其余分别为探亲访友、会议、健康疗养、宗教朝圣等。

从到访次数、停留时间看，海外游客80%的旅游者是第一次到西部旅游，在西部各省的平均停留时间为6.6天。

从海外游客职业、年龄构成看，以中、青年游客为主，老年旅游者为辅。

从消费水平看，海外游客在西部的人均每天花费为151.9美元，团体旅游者消费高于散客。消费构成以城市交通（32.7%）、购物（18.0%）、餐饮（9.2%）、住宿（15.7%）等为主。

二、市场开发

（一）指导思想

大力发展入境旅游，积极发展国内旅游，稳步适度发展出境旅游。贯彻"稳近拓远、固老培新、突出重点、整体促销"的市场开发方针，建立和健全"政府主导、联合促销，全方位、多渠道、多层次的开辟市场"的促销机制。

加大促销投入，建立深度分销体系。打破各省区行政界限，统一规划、联合促销。巩固传统市场，促进旅游市场多元化发展，近期以提高目标市场的旅游总体规模为主攻方向；中远期要区分景点景区的特点，有选择性地促进由数量型市场向质量型市场转换。

（二）开发方向

在提高观光型旅游产品质量的基础上，以西部特色旅游资源为依托，择优开发具有文化价值、经济效益和特种旅游的专题旅游。增加旅游的参与性、知识性、趣味性，突出生态旅游、文化旅游、少数民族风情旅游、节庆习俗旅游、宗教旅游、探险类旅游、沙漠旅游、休闲度假疗养旅游、科学考察旅游等特点，使观光旅游、购物游、商务旅游、文化旅游和探险游有机地结合起来。

（三）对策措施

1. 加大旅游促销的投入

国家对西部要增加旅游促销经费，改革经费管理办法。旅游促销经费要与旅游行政经费分开，在各地区政府预算中专门立项，逐年拨付。各地区可以考虑通过征收旅游开发费用的办法，建立旅游发展基金和旅游市场开发基金，形成长期稳定的促销经费来源。

2. 直接营销和间接营销相结合

国内旅游市场是西部旅游市场的主体。近期西部各区域营销的重点要以主要目标市场如北京、上海、广州等地为突破口，通过直接营销渠道进行营销，具体可以考虑定期举办旅游要素交易会，扩大影响面。从长远发展看，要着手建立间接营销渠道网，选择那些信誉好、服务质量高的专业旅行社、行业协会等，在特定市场和消费层次进行有选择的营销。对重点市场，要根据其覆盖面较大的特点，着重开发面对公众的促销活动，刺激市场需求，拓宽客源层。对其他市场，要根据其覆盖面较小的现状，着重开展对旅游商的促销活动，发挥市场中介作用。

海外入境市场开发主要是采取间接市场营销渠道，委托中间商代理旅游产品销售；建立中外合资旅行社、合作经营旅行社共同开发、共同营销。

3. 实施“捆绑式”营销策略

首先要加强区域间的横向合作，通过“捆绑式”整体促销，把分散的旅游促销经费集中起来，针对重点市场，实行重点宣传，以提高资金的使用效益。优势互补，借船出海，提高旅游产品的知名度，树立强势旅游品牌形象。

西部地区依靠本地精品特色旅游资源，分阶段推出世界级的特色旅游精品和旅游线路，积极争取把旅游产品的推销纳入我国对外宣传计划和经贸洽谈、会展计划之中；争取利用国家电视台、广播、报刊等舆论媒体对本区旅游资源进行公益宣传，作为扶贫助困和支援西部地区开发的重要组成部分；争取电信邮电等部门的协助，帮助搞好网上信息发布和促销，使旅游业尽快融入国际大市场。

各旅游大区要加强区域内部及其与东部地区的联合与合作，组织名牌旅游线路，联合促销、共同开发。还要加强旅游业间与上下游相关产业合作，联合经营、集团化运作，逐渐向旅游企业集团过渡，扩大经营规模，增强整体竞争力，降低营销成本，应对加入 WTO 后对西部旅游市场开发带来的挑战。

4. 运用多元化的营销手段

(1)公共关系促销。邀请国内外目标客源地的旅行社、有影响的新闻媒体的业务人员和记者来西部参观游览；在目标客源地的中心城市举办有关西部历史文化和自然生态环境的学术研讨会、报告会、展示会等；组织文化艺术、体育团体到主要客源地进行表演、展示等。

(2)广告宣传促销。利用现代化的大众传媒如电视、广播、报纸、杂志等进行西部旅游专题宣传，开辟旅游专题节目和栏目。制作旅游宣传广告和旅游风光片(VCD);在目标客源地举办西部旅游说明会和新闻发布会等;通过展销会、说明会向旅游专业人员和社会公众宣传西部旅游资源产品。

(3)人员推销。组织旅行社的专业促销外联人员到目标客源地的旅行社上门推销旅游产品;利用参加国内外旅游博览会、交易会的机会,直接向旅游业务人员推销旅游产品。

(4)节庆促销。各级旅游主管部门与相关机构和企业联合,针对特殊旅游市场的要求,在不同的阶段组织西部人文景观和自然景观为主题的各种节庆活动,如内蒙古草原那达慕、赛马会、云南西双版纳泼水节、三峡国际旅游节、新疆吐鲁番葡萄节等等。

(5)价格促销。组织旅游经营企业在不同季节对特定市场推出免费赠送旅游纪念品、价格折扣优惠等;制定合理的淡季价格,推出淡季旅游产品,如会议、文化艺术、民俗节庆等。

(6)电子商务促销。尽快建立西部旅游信息网,构筑快速、便捷、现代化的宣传营销网,并与国家旅游局的中国旅游网联网,利用国际互联网进行西部旅游形象和主导旅游产品的直接宣传。

三、分区客源市场开发

(一)三大旅游区市场定位

根据现有的西部地区旅游区划和海外游客的需求特征(表5-3),西部旅游海外市场的目标定位分析如下。

表5-3　西部各子区域海外客源在本区域中的比例　(%)

区域	港澳台地区	东南亚	东北亚	北美	欧洲	澳大利亚
西南区(中南区、西南区)	58.04	6.71	17.79	6.38	10.06	1.02
西北区(蒙宁区、西北区)	21.31	3.58	32.38	11.75	29.57	1.41
青藏高原区	23.24	5.09	16.98	25.95	25.55	3.19

1. 西北区目标市场选择

核心客源市场:亚洲的中国港澳台地区、日本、韩国;欧洲的俄罗斯;

基本客源市场:亚洲的东南亚;北美洲的美国、加拿大;大洋洲的澳大利亚、新西兰;欧洲的德国、法国、英国等;

机会客源市场:中东、印度和其他国家与地区。

2. 西南区目标市场选择

核心客源市场:亚洲的日本、韩国、中国港澳台地区、东南亚等;

基本客源市场:北美洲的美国、加拿大,大洋洲的澳大利亚、新西兰,欧洲的德国、法国、英国、俄罗斯等;

机会客源市场:中东、印度和其他国家、地区。

3. 青藏高原目标市场选择

核心客源市场:亚洲的东北亚、中国港澳台地区,欧洲的德国、法国、英国等,北美洲的美国、加拿大;

基本客源市场:亚洲的东南亚;大洋洲的澳大利亚、新西兰;欧洲的俄罗斯;

机会客源市场:中东、印度和其他国家、地区。

(二)三大区旅游市场开发

1. 西北区

市场形象定位:历史文化、民族风情、大漠草原。包括大漠绿洲、丝路花雨、黄河(黄土)文化、华夏历史文化长廊、巍巍昆仑、辽阔草原,等等。

市场营销的重点:国内市场近期营销的重点是东部沿海发达地区,以长江三角洲、珠江三角洲、环渤海经济圈的大中城市为主,以北京、上海为重点突破口;中期拓展到浙江、江苏等华东区及郑州、武汉等城市;远期应拓展到西南地区、东北地区主要城市。

入境旅游市场促销近期以东北亚市场(日本、韩国)、欧洲市场、中国港澳台市场等为主,以日本为重心,大力发展中蒙、中俄、中哈、中乌、中塔、中吉的边贸旅游;中期重点开拓北美洲市场和东南亚市场,远期则主攻澳大利亚,以及其他海外客源市场。

营销手段和方式的选择:加大与海外目标市场的合作,对远程市场重点推销由多种类型的产品搭配组合的长线旅游产品。加强与国家各旅行社的联系,将西北部的主要旅游产品纳入国家旅游局的对外销售计划中。旅游部门要积极组织或参与国内外的各种博览会、交易会、促销会;与国外旅游界建立起广泛稳固的合作关系;主动加强与国家旅游局和各驻外机构的联系,委托国内大的旅行社销售旅游产品;切实加强驻外窗口建设,强化驻外公司的旅游宣传促销和外联组团的功能，力争在日本、韩国、东南亚、欧洲、美国等主要客源国和国内主要海外游客集散地建立办事机构。

各级旅游主管部门应制定切实可行的国内旅游宣传促销计划，有步骤、分阶段地推进国内旅游宣传促销工作。要通过政府与旅游企业、旅游企业之间的联合与协作，建立高效运作的旅游营销网络。利用卫视，开辟旅游专栏；利用电子网络等高科技宣传促销手段，建立国际旅游互联网络。

加快淡季旅游产品开发：西北大部分地区受气候影响，存在着旅游旺季短、淡季长的问题。因此，要以开发历史文化、民俗风情、民族文化资源为淡季旅游产品的突破口，提高旅游设施利用率，降低运营成本。要积极探索冬季旅游拳头产品和精品线路，重点发展冬季文化古迹游、丝路寻踪旅、沙漠考古游、科学考察游、冰雪运动游等。

组建西北旅游企业集团，降低旅游门槛：要优化旅游企业组织结构，通过内部组织结构的调整以及国内外的同行业的兼并、参股，增强自身的竞争实力，降低经营成本；要学习国外发达国家的经验，加强与相关行业，特别是航空业的合作，开发国内外市场。成立西北旅游集团公司，实现企业的规模化、联合化经营，以提高旅游企业综合实力，拓展海内外市场。

2. 西南区

市场形象定位：奇山异水、民族风情。包括“高峡出平湖”（变化的三峡）、世界地质公园（喀斯特独揽天下秀）、北回归线上的璀璨明珠（世界植物王国）、中华民族风情大观园、地球的净土（香格里拉）、动物乐园（国宝故乡）、世界和平长廊（边贸口岸通道），等等。

市场促销重点：国内市场近期重点是以主要目标市场，珠江三角洲、长江三角洲和环渤海地区为主，以广州、上海、北京为突破口；中期要全面出击，积极拓展华北、中南等地区的大中城市；远期应拓展到西北、东北诸省区各城市。

入境旅游市场促销近期主要是中国港澳台市场、东北亚市场（日本、韩国等）、东南亚地区，要重点突破日本市场和东南亚边贸旅游；中期重点开拓北美市场、欧洲市场；远期则主攻欧洲（俄罗斯）、中东阿拉伯国家、南亚（印度、巴基斯坦）等国家和地区市场。

营销手段和方式的选择：强化旅游品牌意识，集中力量加大对精品的宣传，精选一批在境外有吸引力的产品打入国际市场，形成西南地区旅游影响力。

扩大宣传的促销声势——要充分发挥电视报刊、互联网、广播等现代传播媒体的作用，搞好各种节庆活动，通过办专题节目和广告等形式，推出有分量的名著、名歌、名文、名片，加大面向社会的宣传力度，扩大旅游促销的覆盖面，吸引更多的国内游客。定期定点举办世界范围的民歌节、民间体育比赛等，同时，要有组织地组团参加世界其他国家的民间庆典游行活动，加强与世界各国的民间交流，弘扬中国的民俗文化。

切实提高宣传促销的水平——大力推行科技兴旅，逐步实现办公自动化、管理现代化、营销网络化；建设大区、省区市和地市三级旅游营销网络，尽快实现旅游市场的信息共享和传输网络化，全面提高对旅游市场变化的应对能力；要尽快开展网上旅游宣传促销活动，实现全面的网络化和信息化经营。

形成立体营销网络——全区旅游行业要加强横向联合，与民航、铁路、文化等部门合作，联合促销。要与航空公司合作开发东南亚和东北亚等市场，要有计划地做好各海外市场的宣传促销和招商引资，提高海外旅游市场的比重；进一步推进澜沧江—湄公河旅游合作，加强与越南、泰国、老挝、柬埔寨等周边地区的合作，建立跨国界的旅游线路，联合促销。加强与新加坡的合作，积极推进广西、云南与沪、港、澳旅游的经济技术合作。

争取组建西南旅游企业集团——以多条跨省区的重点旅游线路为依托，以建立“产权明晰、权责分明、政企分开、管理科学”的现代企业制度为目标，通过旅游企业战略联盟整合和企业内部改制，实现企业的规模化、联合化经营，逐步过渡组建西南旅游集团。以提高旅游企业综合实力，改善服务水平，规范服务标准，提升企业的市场竞争力，以应对旅游业加入 WTO 后国内外市场的挑战。

加强区域协作——推出精品名牌，拓展入境市场，联合向海内外宣传促销川、滇、黔、桂、渝、蓉六省区市旅游精品线路，包括桂林、乐山、黄龙、九寨沟、长江三峡等一批旅游精品线路。

3. 青藏高原区

市场形象定位：神山圣水，民族风情与藏文化，世界屋脊。包括世界第三级（探险家乐园）、共同家园（三江之源）、茶马古道，等等。

市场促销重点：国内市场近期重点以西南地区大中城市、北京、上海、广州等地为主。西藏地区主要以广州、西南主要城市为重点突破口，青海省要以上海、北京为突破口；中期应对三大客源地全面出击，拓展浙江、江苏等华东区及郑州、武汉等城市；远期应拓展到西北地区、东北地区的大中城市。

入境旅游市场促销近期以日本和中国港澳台等为主，要重点突破香港和台湾地区市场，主要以佛教结缘方式，吸引对宗教有特殊感情的群体到西藏青海进香朝拜，中期重点开拓欧美澳市场，要开放更多的山峰给以探险为目的的消费群体，为他们提供完美的后勤服务和严密的安全保障系统，延长他们逗留的时间，提高消费标准，实现最大效益。中、远期则主攻中东阿拉伯国家、南亚（印度、尼泊尔、巴基斯坦）等国家和地区市场，这些国家的大部分地区和青藏的宗教有较深的渊源，要主动出击，设立办事处，有效组织，安全管理。

营销手段和方式选择：实施“嫁接式”营销策略——本区经济发展水平极为落后，受总体经济实力影响，单靠自身实力难以在国内外开展大规模、强有力的旅游宣传促销活动，必须实施“嫁接式”营销策略，以借船出海，借水行舟，提高旅游产品的知名度，树立强势的旅游品牌形象。

首先进行国家“嫁接”。加强旅游景区建设，要以本地精品特色旅游资源为依托，推出世界级的特色旅游精品和旅游线路，积极争取纳入国家对外宣传计划和对外经贸洽谈、会展计划之中；争取利用国家电视台、广播、报刊等舆论媒体对本区旅游资源进行公益宣传，使之成为国家扶贫助困和支援西藏、青海开发的重要组成部分；争取电信部门的协助，帮助搞好网上信息发布和促销，使旅游业尽快融入国际大市场。

其次是区外“嫁接”。青藏高原区背靠西北和西南两个旅游大区，与他们在旅游资源上有较大的互补性，在基础设施方面则有很强的共享性，也是本区游客的主要进出、中转基地。要主动出击，借助他们的王牌产品扩大游客来源，组织名牌旅游线路，联合促销、共同开发。西藏地区要加强与西南区的合作，青海地区要注意与西北各省区的协调。要加强与邻近区域旅游中介机构的信息沟通和合作，引导分流客源。

最后是区内“嫁接”。以拉萨和西宁为中心，以突出青藏高原生态以及藏文化为主题来组织旅游网络，开发专线旅游线路和特种旅游线路，实施联合促销。与海外大旅行社建立各种渠道的固定经营关系，委托组织客源输入。同时，要尽快建立青藏高原区旅游信息网，并与国家旅游局的中国旅游网联网，通过国际互联网络（INTERNET）加入全球营销系统，进行直接营销，建立与国际互联网的旅游信息系统，构筑快速、便捷、现代化的宣传营销网络。

第六章　西部旅游区域发展战略

提　要

西北区:西北区重点发展历史文化遗迹游和特种旅游。以丝绸之路的历史文化和长城、黄河(黄土)文化为主线,以乌鲁木齐、敦煌、西安为依托城市,充分挖掘西北地区文化内涵,做强、做大文物古迹游。适度开展以大漠、戈壁、草原为背景的特种旅游。

西北区要抓住机遇,开拓思路,创新求变;让西北区由旅游的边缘地区转变为中国对外开发的桥头堡,成为亚洲旅游中心区域的重要组成部分。

西南区:西南区发展民族风情游,发展生态旅游。进一步提升"三峡"、"桂林山水"、"峨眉"、"世博园"等著名产品的品位,启动云贵高原的生态旅游,以及中心城市(重庆、成都、昆明)都市游,培育并完善西南边境游。

建设稳定安全的旅游社区环境;保护民族利益和文化传统,实现利益共享,社会和谐;保护景区景点生物的多样性。

青藏高原区:青藏高原区大力培育旅游市场,借助青藏铁路的修建和川藏、滇藏公路的改造的契机,加强旅游基础设施建设,建设并推出"茶马古道"产品。

借船出海,借水行舟;捆绑式发展。

一、西北区

重点发展历史文化遗迹游和特种旅游。以丝绸之路、长城和黄土、黄河文化为主线,以乌鲁木齐、西安为依托城市,充分挖掘西北地区文化内涵,做强、做大文物古迹游。适度开展以大漠、戈壁、草原为背景的特种旅游。抓住机遇,开拓思路,创新求变,把西北区由旅游的边缘地区转变为中国对外开发的桥头堡,亚洲的旅游中心区域的重要组成部分。

以丝绸之路、长城、黄河文化为主线,以西安、兰州、呼和浩特、乌鲁木齐、敦煌、嘉峪关、吐鲁番、库车、喀什为依托城市，充分挖掘西北文化内涵，提升旅游产品的可观赏性，把文物古迹游做强，做大，做成中国旅游精品，作成世界最著名的旅游产品。丝绸之路将五省区连成一个完整的旅游大区，成为中国历史文化旅游产品的典型代表。长城和黄河旅游线则是连接了西部与东部的文化枢纽，东西部的联合开发可以以此为契机，形成“西北—北方旅游联合体”；要开辟世界级的国家历史文化园区、国家地质公园区、国家民族风情园区；开展以大漠、黄土、草原为三大片的特种旅游，诸如科学考察、沙漠探险、越野拉力赛等。三大片生态环境脆弱，国家围绕三大片投入巨资进行生态环境的建设，例如三北防护林建设、黄土高原水土流失治理、退耕还林还牧工程、沙漠化治理工程、塔里木河下游绿色走廊生态恢复工程等，这些大规模的改造环境工程的过程应该被认同为一种旅游资源。因为随着人们环保意识的加强和地球村观念的形成，关注西部，献身西部逐渐成为中国乃至世界部分国家的共识。人们旅游的目的不再仅仅是观山水、看古庙，通过旅游参与环保建设成为新时尚，而在人生的有限时间里能感受到西北由贫穷、干旱、水土流失严重的地区转变为山川秀美的锦绣河山，将是人们选择到西北旅游的原始冲动。

“9·11”事件对世界经济无疑是一个很大的灾难，但世界局势的动荡却衬托出中国作为世界最安全的“旅游岛”的总体形象。阿富汗局势的紧张，很多国家的民航选择了新疆作为中转站，发现这里既安全，条件又优惠，更重要的是缩短了旅行的时间，降低了费用。由此提示，中国边疆原来可以成为最接近欧洲和中东地区的桥头堡。近、中期西北区最重要战略调整就是要让游客能沿着空中走廊实现西进东出，东进西出，如果这一目标能够达到，西北区将会是构成亚洲中心旅游区域的重要组成部分。

二、西南区

西南区发展民族风情游，发展生态旅游。进一步提升“三峡”、“桂林山水”、“峨眉”、“世博园”等著名产品的品位，启动云贵高原的生态旅游，以及中心城市（重庆、成都、昆明）都市游，培育并完善西南边境游。建设稳定安全的旅游社区环境；保护民族利益和文化传统，实现利益共享，社会和谐；保护景区景点生物的多样性。

西南区在西部是属于资源密集型区域，现阶段旅游资源开发的程度还很低，采用密集推出品牌、实现资源互补与共享的战略，可以造成强大的冲击力，同时全面提升旅游的总体规模。要与东西部联手，与东南亚同行联手，合作推出在国内和国际上有影响力的品牌景区景点和旅游黄金线路，进一步提升"三峡"、"桂林山水"、"峨眉"、"世博园"等著名产品的品位，启动云贵高原的生态旅游，以及中心城市(重庆、成都、昆明)都市游，培育并完善西南边境游，形成持久的旅游热潮。

三峡旅游一直是西部乃至全国旅游的精品，三峡大坝的建设对三峡地区旅游业发展将产生深刻影响，部分旅游资源的淹没和部分景点神秘、壮观的景象丧失，使三峡传统旅游受到很大冲击。但随着水位的提高，可形成新的旅游景观，大大改善该地区的交通条件，开发出新的旅游景区景点和特色旅游项目，并使过去的线状过境旅游变成面状、网状的住地旅游。要利用大坝建设所创造的新契机，将三峡地区的旅游机构更好地组织起来，把与旅游业有关的各个部门统一协调起来，制定出一个超越于行政界限、高层次的、科学、合理、可行的旅游开发规划。把原有的旅游资源更好地保护和开发起来，把大三峡建设所蕴涵的巨大经济、社会价值开发利用起来，实现大三峡、大旅游，大发展。

西南区与东部相连，和港澳台地区联系密切，而且紧邻东南亚，由于这些地方的文化传统和风俗习惯差异显著，对旅游景区景点的爱好各不相同，而且这种爱好会随着时间的推移而出现变化，因此，要重视市场的策划工作，做到"景不变、风常变"。旅游设施要与世界旅游接轨，融入世界旅游潮流，旅游文化则要保持民族特色。

西南区在整个西部中，人口最多，少数民族人口也最多，生物资源最丰富，与西北区和青藏高原区相比，来自生态环境保护方面的压力小，而保护旅游开发区内少数民族的利益，营造社区优美的环境，创造和谐的社会氛围，实现利益共享，以及保护少数民族的文化传统不受外来文明的冲击，保护景区景点生物的多样性等，则是西南区旅游优先考虑的战略之一。

三、青藏高原区

青藏高原区大力培育旅游市场，借助青藏铁路的修建和川藏、滇藏公路的改造的契机，加强旅游基础设施建设，建设并推出"茶马古道"产品。借船出海，借水行舟，捆绑式发展

青藏高原区要依靠国家的特殊政策，提早筹划，科学规划，妥善安排景区景点开发和基础设施配套建设。借助国家重点工程青藏铁路的修建，突出品牌，建设国际著名旅游线路，把青藏铁路变成旅游通道，推出有世界影响的旅游线路如"茶马古道"产品等，使西藏旅游业的潜在优势转变为现实优势；要

从一开始就大力培养质量型旅游市场，坚持“不求面面俱到，但求人间最好”的原则，依靠3~5个著名景区，4条有国际意义的跨区域和跨国界的旅游线路，支撑起青藏高原旅游的一片蓝天。

青藏高原区要和周边省份协作发展，其中西藏要和四川、云南连手，青海要和甘肃、四川、陕西、新疆连手，共同开发旅游资源和市场，达到借船出海，借水行舟，捆绑式发展的目的，把青藏高原的旅游开发推向新的阶段。

第七章　西部旅游区域重点产品开发战略

提　要

重点建设领域：重点建设5大旅游枢纽城市：重庆、西安、昆明、成都、乌鲁木齐。

集中力量建设特色旅游城市。

加快西进东出空中走廊建设。改造成都双流、新疆乌鲁木齐、西安、重庆和昆明机场。加强拉萨贡嘎机场、兰州和贵阳机场的建设。开通多条至世界主要旅游客源国的国际航线。

建设重点景区的航空支线旅游交通和快速旅游公路。

建设世界级的旅游精品：陕西历史文化旅游产品的升级；西南地区民族风情旅游产品的深化；内蒙古草原旅游产品的内涵的丰富；西藏特色文化旅游产品的深入挖掘。青藏高原的探险旅游产品；西北地区的文化和生态旅游产品；西南地区的生态旅游产品。陆路口岸旅游城市；旅游区环境保护设施的配套；特色文化的有效保护；重要的旅游交通设施建设；旅游发展的软环境建设等。

跨省区旅游线路的衔接：包括新疆和甘肃之间（南丝绸之路旅游线）、甘肃和宁夏，甘肃和四川之间。内蒙古西部和西北各个省区、内蒙古中部和华北地区、内蒙古东部和东北地区的旅游线路的衔接。格尔木到拉萨的青藏铁路、公路旅游线。贵州和广西、广西和广东；贵州与重庆、成都；云南与四川、西藏之间的线路衔接。

选择旅游扶贫、生态区和探险基地项目和国家公园、优秀旅游城市的建设，遴选并申报世界遗产项目。

一、区域旅游开发格局与重点建设领域

（一）重点建设5大旅游枢纽城市

重庆、西安、昆明、成都、乌鲁木齐5大城市是西部区域经济中心，也是旅

游中转中心，在西部旅游格局中占有重要地位。

重庆市是三峡旅游线上最重要的城市，也是西部惟一的一个直辖市。

西安作为丝绸之路旅游线的起点和中国历史文化名城的代表，在西部旅游格局中占有重要地位。

昆明市是云南省最大的旅游中心城市和游客集散中心，是云南地区最大的航空枢纽之一，以昆明为中心形成放射状的航空旅游交通布局，直运省内各主要旅游区。成都市是四川省最大的旅游中心城市和游客集散中心。

成都市拥有4D级国际机场——双流机场，是西南地区最大的航空枢纽之一。以成都为中心已经形成放射状的高等级公路的布局，直达省内各主要旅游区。成都也是进入西藏旅游区的重要中转地。

乌鲁木齐是从欧洲进入中国西部最近的通道，是实现东进西出和西进东出的进出口。

（二）集中力量建设特色旅游城市

选择资源条件和区位条件好的城市，集中投资，加大城市旅游基础设施和景点建设力度。重点建设的特色旅游城市包括：

西藏的拉萨、林芝、日喀则：强化藏民族文化特色，建设成代表西藏形象的旅游城市。

云南的大理、丽江、香格里拉、景洪、瑞丽：建设成为以少数民族风情为特色的旅游城市。

贵州的遵义和凯里：将遵义建设成为红色之旅的旅游城市，将凯里建设成为贵州典型的民族风情旅游城市。

广西的桂林、南宁、北海、凭祥、东兴：强化桂林山水城市的特色，建设成为西部最好的旅游城市；加快北海银滩的改造和深度开发，提升被誉为华夏第一滩的北海银滩的品位并丰富其内涵；完善南宁绿色生态和民族旅游品牌，将其建设成为“中国绿城”；进一步提高凭祥、东兴中越边境旅游城市的国门形象和旅游服务功能。

陕西的咸阳：强化古都特色，建设成世界知名的历史文化名城。

甘肃的敦煌、天水、嘉峪关：建设成丝绸之路上的历史文化旅游城市。

四川的乐山、都江堰、峨眉山、松潘：建设成历史古迹与自然风光相结合的旅游城市。

新疆的吐鲁番、喀什、伊犁：建设成以西域文化为特色的旅游城市。

青海的西宁、格尔木：建设成青藏高原的门户和优秀旅游城市，促进青藏高原旅游的发展。

宁夏的银川:作为宁夏旅游中心,带动全自治区旅游业的发展。

内蒙古的呼和浩特、阿尔山:形成以呼和浩特为中心的内蒙古中部草原和文化旅游区,重点发展历史文化和草原生态旅游;东部阿尔山重点发展森林和边境旅游,改变单一林业产业结构,形成以旅游业为重要产业的边境城市。

(三)加快西进东出空中走廊建设

面向欧洲、非洲和中亚、西亚、南亚市场,开辟若干条西进东出空中旅游走廊,如图7-1所示,可以大大减少游客的旅游费用(经济费用和时间费用),提高旅游效率。其中西进枢纽空港包括乌鲁木齐、西安、成都、重庆、昆明,东出枢纽港包括京、沪、穗—港—澳。完善西部空港地面设施,开辟新的国际旅游线路,是西部大开发旅游发展战略的重要方面。

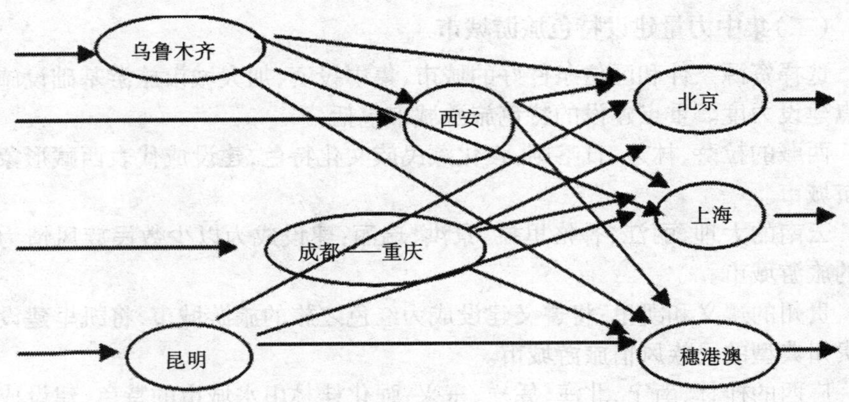

图7-1 西进东出旅游走廊示意图

重点是改造重庆机场、西安机场、成都机场、乌鲁木齐机场、昆明机场,使之形成具有国际水准的国际航空港。

旅游旺季民航运力不足是西安旅游业面临的重要问题,要有重点地对西安咸阳国际机场空港进行完善,开辟新的国际、国内航线。

新疆远离东部客源市场,区内地域广阔,航空交通是重要的旅游交通方式。新疆是与欧洲距离最近的省区,中西欧至新疆的空中距离飞机仅有五六个小时航程,这一客源市场是世界最大的客源市场,空中通道的畅通对新疆旅游业的发展至关重要。其改扩建工程被国家列为西部十大建设项目之一,乌鲁木齐机场改扩建工程将使新疆的旅游交通得到根本改善。

在建设国际航空港的同时，要加强拉萨机场、兰州机场、贵阳机场的建设，开通多条至世界主要旅游客源国的国际航线。

（四）建设重点景区的航空支线和快速旅游公路

在依托国家骨干交通的基础上，形成和完善旅游交通网络，实现旅游中心城市与重点景区之间的交通联络。重视重点旅游区基础设施、服务设施建设的配套完善。基础设施建设要有利于旅游交通网络的形成，重点支持首先是跨省区的旅游线路和交通干线、进出西部的航空港等基础设施建设。以旅游中心城市为核心，形成完善的旅游交通网络，通过旅游交通网络带动整个西部旅游业的发展。西部地区交通网见彩图4。

加快重点景区支线航空交通的建设。包括咸阳、桂林、梧州、敦煌、泸州、且末和格尔木机场的改建。新建四川广元、绵阳、攀枝花、九寨沟机场，重庆万州机场，贵州铜仁机场，云南思茅、临沧机场，甘肃中川和新疆的阿勒泰、库车机场。一方面这些机场的改建和新建，将改善制约西部地区旅游业发展的交通"瓶颈"问题，同时也必须通过发展旅游业使得这些新建和扩建的机场具有经济上的合理性。

云南省要加快国际和跨省旅游通道的建设，重点扩建景洪国际机场、建设文山、红河、腾冲等旅游支线机场，并逐步将保山、丽江机场改建为国际机场。续建昆明—曼谷、昆明—仰光、昆明—河内公路的云南段，改造滇藏、贵昆、南昆、内昆、攀昆公路，形成跨国和跨省旅游线路。

新疆完善阿勒泰、库车、且末三机场改造工程。库车位于塔克拉玛干沙漠的北缘，且末位于塔克拉玛干沙漠南缘，是沙漠公路旅游线和罗布泊—楼兰古城旅游线的重要衔接点，拥有丰富独特的旅游资源。但是由于旅游交通条件的限制，许多旅游计划难以实现。且末和库车机场改造都在2000年竣工，且末和库车机场的改造对南疆旅游资源的规模开发起到了重要作用。

敦煌是甘肃最重要的旅游景点，原敦煌机场已不能满足旅游发展的需要。为改善敦煌旅游交通条件，2000年初敦煌机场扩建工程启动，工程预计2002年全部完工，建成后可起降A－320、B－737及以下机型。这一项目必须保证质量，保证工期。

陕西省应主要加快进出省区的航空交通建设和旅游专线公路的建设，包括加快咸阳机场的改造扩建，开通到西欧和北美的国际航线。加快茂陵旅游专线、礼泉—昭陵、太白—留坝二级公路建设和沿黄旅游公路的建设。

旅游基础条件落后是青海省旅游业发展的主要制约因素。重点扩建西宁、格尔木机场,新建玉树、果洛、花土沟机场。提高西宁—格尔木—敦煌南丝绸之路、西宁—大武—久治—阿坝和214国道的公路等级。

二、建设世界级旅游精品,形成骨干产品

以创建国家级乃至世界级旅游精品为目标,集中资金,建设一批规模大、品位高、特色突出、配套完善的世界级、国家级旅游区(点)和线路,迅速形成巨大旅游吸引力。世界级旅游精品的建设方向和投资重点包括:

(一)对相对成熟的著名旅游产品进行升级换代和设施完善

通过对相对成熟的著名旅游产品进行升级换代和设施完善,扩大市场效应,形成新的市场吸引力。进行产品升级的旅游产品以西部的国家级风景名胜区和历史文化旅游区为主要对象,重点包括:

陕西历史文化旅游产品的升级;

西南地区民族风情旅游产品的深化;

内蒙古草原旅游产品的内涵的丰富;

西藏特色文化旅游产品的深入挖掘。

(二)开发新型的、具有国际吸引力的特色旅游产品

选择资源条件优良的区域,以国际市场为目标,逐步推出一批高品质、高建设标准的新型特色旅游产品。包括:

青藏高原的探险旅游产品;

西北地区的文化和生态旅游产品;

西南地区的生态旅游产品。

(三)重视精品旅游产品的配套建设

重视形成一批具有旅游服务和旅游目的地功能的重点旅游中心城市,作为区域旅游业发展的支撑,使旅游产品与国际接轨。优先解决风景区和旅游景点的能源及交通、通讯和生活条件,提高接待能力,适应游客的不同层次的需要。重点包括:

陆路口岸通道建设,形成一批边境口岸旅游城市;

旅游区环境保护设施的配套;

特色文化的有效保护;

重要的旅游交通设施建设;

旅游发展的软环境建设。

三、重视跨省区旅游线路的衔接，形成省际大型旅游产品

建设一批具有国际市场意义的跨国和跨区域旅游线路；在地域分配方面强调突出特色、适度均衡。跨省区旅游产品主要考虑下列省区之间的线路衔接。

(一)西北地区各个省区之间的旅游线路的衔接

包括新疆和甘肃之间(南丝绸之路旅游线)、甘肃和宁夏，甘肃和四川之间。内蒙古西部和西北各个省区、内蒙古中部和华北地区、内蒙古东部和东北地区的旅游线路的衔接。

(二)西藏与青海之间的旅游线路的衔接

主要包括从格尔木到拉萨的青藏铁路、公路旅游线路。

(三)西南地区内部，以及与周边地区的线路衔接

包括：贵州和广西、广西和广东；贵州与重庆、成都；云南与四川、西藏之间的线路衔接。

四、旅游产品建设与扶贫和生态环境恢复紧密结合

(一)旅游产品建设与旅游扶贫紧密结合

旅游开发与旅游扶贫结合，将改善地方群众经济生活条件作为旅游开发的主要目标。优先开发旅游资源条件好、发展潜力大但经济落后的地区，建立旅游扶贫示范。要选择一批旅游资源条件好、发展潜力大但经济落后的地区，建设旅游扶贫实验区。这些实验区可以从如下的一些地区内选取：

四川阿坝藏族自治州；

贵州黔东南苗族侗族自治州；

云南丽江地区；

西藏山南地区；

内蒙古阿拉善盟；

陕西延安市；

甘肃甘南藏族自治州；

宁夏固原地区；

青海三江源地区；

新疆喀什地区；

广西百色地区；

重庆三峡地区。

(二)开发生态旅游产品

将生态旅游作为旅游业发展的主要方式，重视生态型旅游景区的开发建设，形成国家级的生态旅游区，通过生态旅游开发实现旅游业的可持续发展。生态环境治理与旅游开发结合项目包括：

塔里木河中下游生态环境治理和旅游开发；

黔桂地区的喀斯特原始森林生态旅游开发与生物多样性保护；

滇西北与藏东横断山区生态环境保护与生态旅游开发；

云南沾益珠江源头生态环境保护和旅游开发项目；

云南元江—红河源头生态环境保护和旅游开发项目；

长江三峡库区生态保护、恢复及新旅游产品的开发；

青海三江源地区的生态保护与旅游开发；

青海湖生态旅游示范区的保护、建设和开发；

鄂尔多斯—毛乌素沙漠生态治理及旅游开发工程；

广西珠江源头水源林生态旅游开发和生物多样性保护项目；

内蒙古草原旅游区的生态恢复。

在条件适宜的区域开展科学探险旅游，建立国家科学旅游探险基地，通过发展科学探险旅游推动生态保护，增加旅游产品。探险基地包括：

宁夏腾格里沙漠探险基地；

贵州喀斯特地貌探险基地；

新疆罗布泊探险基地；

青海长江源探险基地；

云南三江并流带探险基地；

西藏珠穆朗玛峰探险基地；

青海可可西里野生动物探险基地；

甘肃肃北“透明梦柯”冰川探险基地；

西藏雅鲁藏布大峡谷探险基地；

云南高黎贡山探险基地；

四川海螺沟冰川森林探险基地；

广西百色乐业大石围天坑群地质科普探险基地。

五、通过鼓励各种创建和申报活动推动旅游产品的完善

(一)建设一批国家公园,促进旅游环境和旅游资源的保护

中国计划将目前的自然保护区面积扩大一倍,这为西部的旅游公园建设提供了契机。按照与国际接轨的要求,西部地区应率先起步,将一批资源品位高、发展潜力大的旅游区,经有关部门共同审定,批准为国家公园,并加强统一规划建设和管理,制定开发和保护细则,以保持这些区域原始形态和自然属性永久存在,使之成为名副其实的国家公园,成为21世纪中国旅游业发展的新的热点地区,并辐射带动西部旅游业腾飞。

(二)通过优秀旅游城市建设,促进城市旅游功能的完善

旅游服务中心是西部旅游业发展和旅游区建设的重要内容,担负着区内外旅游客源的组织,形成区域旅游集散网络的重要功能。西部旅游城市建设的重点应放在那些具有国际知名度的旅游城市上,建设一批旅游设施配套,具有综合接待能力的优秀旅游城市。争取创建的优秀旅游城市包括:

四川的绵阳、攀枝花、自贡、康定、西昌、松潘;

云南的丽江、建水、潞西、保山、迪庆、玉溪、罗平;

贵州的安顺、兴义、凯里、都匀、遵义;

陕西的延安、汉中;

新疆的喀什、哈密、和田;

西藏的日喀则、林芝、昌都;

青海的西宁、格尔木;

内蒙古的呼和浩特、满洲里、海拉尔、鄂尔多斯、阿尔山、赤峰、巴彦浩特等;

广西的防城港、百色、宜州、贺州、凭祥、东兴、桂平;

甘肃的兰州、天水、武威、张掖、酒泉。

(三)通过申报世界遗产,推动旅游产品的升级

西部孕育了众多自然、文化的奇迹,申报世界遗产潜力巨大。目前西部地区有9项世界遗产,数量远远没有达到应有的数量。要继续遴选出20多处以上的旅游资源区,作为世界遗产候选名单。有可能申报世界遗产的区域要从现在起即加以严格保护,在国家有关部门的指导下,做好各项申请准备工作,争取逐年正式列入世界遗产名录。

第八章　区域重点线路和各省(直辖市、自治区)重点旅游项目建设

提　要

跨省区重点旅游线路产品:

包括:边境旅游带;陕西—甘肃—新疆丝路文化旅游线;云南—西藏的茶马古道旅游线;怒江—雅鲁藏布"东方大峡谷"旅游线;四川—重庆—湖北的长江三峡旅游线;黔东南—桂北民族风情与自然风光旅游线;贵东—湘西自然风光旅游线;南—贵—昆喀斯特山水风光旅游带;构筑渝、川、黔旅游金三角;建设沿青藏铁路的旅游线;开发特色主题旅游线(黄河之旅、长城之旅、长征之旅、草原—沙漠专题旅游线)。

省区市重点旅游区与重点旅游项目:

云南省:构造滇中、滇西北、滇西、滇西南、滇东南、滇东北6大旅游区和5条主要开发线路。

陕西省:形成以西安为中心,关中为主体,以陕北和陕南为两个侧翼的旅游发展格局。重点进行6个区的开发。

甘肃省:重点建设和完善河西走廊旅游带,再现河西走廊历史风貌,丰富旅游项目的文化内涵,形成丝绸之路上的黄金旅游段。重点建设3个旅游区。

宁夏:重点开发6大旅游区,沙湖旅游区、西夏陵旅游区、金水旅游区、青铜峡旅游区、沙坡头旅游区、六盘山旅游区。

青海:重点开发3个旅游区,6条黄金旅游线。

新疆:集中开发五区三线。

四川省:重点建设4个旅游区;2条黄金旅游线;4条精品旅游线。

重庆:重点建设以重庆市区为一个中心,以长江三峡为主线的黄金旅游线和8个特色旅游区。

贵州:建设9个大型旅游区,建设4条旅游线路。

广西:重点开发桂林—柳州—南宁—北海轴线,桂北、桂南、桂东、桂西4大旅游经济区和6大旅游线路。

内蒙古:重点开发呼伦贝尔和锡林郭勒草原旅游;满洲里、二连浩特边境口岸旅游;中部历史文化和西部沙漠旅游;大兴安岭森林和冰雪旅游产品。建设3条旅游线路。

西藏:重点开发以拉萨为中心的旅游区,重点建设项目包括:新建工布江达县错高湖(又名巴松湖)旅游度假区,开发错高湖旅游专线;林芝大峡谷旅游开发区;雅砻河谷风景区建设;南迦巴瓦、雅鲁藏布江旅游开发区;珠峰国际登山探险基地建设;拉萨—日喀则旅游线的后续开发;八宿县然乌湖生态旅游开发。

一、大型跨区域旅游线路

重点建设跨区域的大型旅游线路,形成西部旅游的主体产品,目标是建设成为具有国际市场竞争力的旅游产品。

(一)开发边境地区跨国旅游产品,形成边境旅游带

西南地区与东南亚的跨国旅游产品,包括澜沧江—湄公河黄金水道及跨境多国旅游线,重点是西双版纳、思茅、临沧等区域的生态旅游开发;昆明—河内中越跨国旅游带,重点开发建水、元阳河口口岸等区域的文化和生态旅游项目;滇西中缅跨国旅游线,建设重点是芒市、瑞丽、畹町、陇川的旅游产品开发。广西凭祥、东兴与越南的跨国旅游产品,重点建设东兴和凭祥旅游口岸,以及北海与越南的海上旅游线。

内蒙古与俄罗斯、蒙古的跨国旅游开发,包括满洲里、阿尔山、二连浩特等边境口岸的旅游产品开发,重点开发阿尔山生态旅游和满洲里口岸购物游。

新疆口岸的旅游产品,包括从红旗拉甫口岸出境,与南亚、中亚和中东国家的跨国旅游线;从霍尔果斯口岸出境,与西亚、中东和欧洲等国家的跨国旅游线。

西藏与尼泊尔等国的跨国旅游产品开发,包括普兰、亚东、聂拉木等口岸,重点开发跨国徒步登山旅游。

(二)陕西—甘肃—新疆丝路文化旅游线(见彩图5)

以古丝绸之路为主导旅游产品,进行产品提升和重新包装,形成国家级旅

游线路和黄金旅游产品。重点建设河西走廊旅游区和新疆之间的旅游线①。

（三）云南—西藏的茶马古道旅游线（见彩图6）

起点为云南思茅，终点为西藏拉萨。其中可以形成旅游线路的路段是从云南沿国道214线（即滇藏公路）到拉萨。“茶马古道”沿线有着独具特色的自然与人文景观，旅游资源非常丰富，极具开发潜力。茶马古道的开发将对昌都及其周边旅游业的发展有着重要的推动作用，同时对藏、川、滇、青等毗邻地区有着重要的影响。通过茶马古道形成东西向与四川甘孜州、西藏林芝雅鲁藏布大峡谷的旅游线接轨，南北向与云南迪庆州香格里拉旅游线联网的旅游发展框架。

重点建设的景区包括：云南思茅和临沧茶文化旅游区，大理苍山—洱海旅游区、巍山古城—巍宝山、剑川石宝山—沙溪登街旅游区、丽江玉龙雪山—古城旅游区、中甸香格里拉旅游区、梅里雪山旅游区、西藏盐井和然乌湖景区等。

（四）怒江—雅鲁藏布“东方大峡谷”旅游线

线路走向为从云南泸水县六库镇—贡山—西藏察隅。以怒江和雅鲁藏布大峡谷风光和少数民族风情为主。重点建设两大峡谷旅游区。

（五）四川—重庆—湖北的长江三峡旅游线

结合三峡移民迁建工程和库区生态环境综合治理，再造长江三峡国家级旅游精品线路。着重抓好以沿江码头为重点的基础配套设施建设、沿江各优质景点的建设，以及完善游船服务质量等三大工程。全面改善沿江环境质量和旅游城镇形象，彻底整治旅游码头和道路的脏、乱、差。加强长江沿线城市建设，尤其是长江重庆、乐山等现代化大都市和历史文化名城的建设。结合市政基础设施建设，加快沿江城市交通和江两岸的综合整治速度，完善和提升长江旅游的品牌形象，增强旅游吸引力。大力发展以水上观光、史迹寻踪、购物美食、娱乐节庆为内容的三峡旅游产品。

（六）黔东南—桂北民族风情与自然风光旅游线

贵阳—凯里—榕江—从江—黎平至广西三江—桂林，这一旅游线连接贵州和广西两大旅游区。以浓郁的苗族、侗族风情和喀斯特地貌景观为主。从贵阳经凯里到黎、从、榕的三江一线有保存最为完美的苗侗民族风情，三江的

① 另一旅游线是西宁至敦煌“南丝绸之路”旅游线。

程阳风雨桥等是侗族风情的典型代表,同时拥有优美的自然风光。重点进行黎平、从江、榕江、三都以及广西的三江等县境内的保留完整、具有典型民族特色的村寨、民族建筑等的开发、恢复或重建。挖掘民族服饰、民族风俗、民族歌舞等具吸引力的旅游资源,开发一批有特色的大型民族节日,充分展示该旅游区的自然和民族文化特色。第二条线路是从贵阳—荔波—南丹—柳州—桂林旅游线。

(七)贵东—湘西自然风光旅游线

经施秉镇、铜仁到达张家界是以㵲阳河及梵净山优美的自然风光为主、辅之以少数民族风情的一条线路。近年来,东线旅游一直持续升温,随着交通、旅游接待设施的不断改善,这一线路将贵州和湖南的两大旅游区串联在一起。要抓住机遇,把这一地区的旅游做大做优。

(八)南—贵—昆喀斯特山水风光旅游带

这条线路以喀斯特地貌景观为基础、以少数民族风情为主要人文旅游资源,包括了南宁青秀山风景区(全国首批4A级景区)、百色、乐业大石围天坑群旅游区、黄果树大瀑布,织金洞,马岭河大峡谷,龙宫、高原人工湖红枫湖和路南石林等。沿线的民族风情有布依族、苗族等少数民族风情。目前,这一线路是贵州和云南较为成熟的旅游线路,交通和旅游接待设施相对较完善。建设重点是云南和贵州相关旅游区的完善,包括云南的陆良彩色沙林旅游区、罗平多依河—九龙瀑旅游区、沾益珠江源头旅游区,贵州的马岭河峡谷旅游区等。

(九)构筑渝、川、黔旅游金三角(见彩图7)

在渝、川、黔结合部,包括江津市、合江县、赤水市等区域有6个国家级风景区紧紧相连,并有多个自然保护区。利用重庆到赤水的水路作为主要旅游通道和泸州机场,建设泸州—赤水的高等级公路,把这一区域建设成全国最大的生态旅游示范区。

(十)建设沿青藏铁路的旅游线

青藏铁路的建设将使青藏高原旅游业的发展条件发生根本变化,要重点进行沿青藏铁路的西宁、格尔木、那曲、拉萨等市、县的旅游开发建设。重点开发从西宁至拉萨的“世界屋脊探险旅游线路”。

(十一)开发特色主题旅游线(见彩图8)

建设黄河之旅、长城之旅、长征之旅、草原—沙漠专题旅游线路。

二、各个省区重点旅游产品

(一)云南省重点进行新型生态旅游产品建设

构造滇中、滇西北、滇西、滇西南、滇东南、滇东北6大旅游区,形成以昆明为中心,以丽江、大理、景洪、瑞丽、腾冲、建水等旅游重点城市为依托的旅游发展格局。在5大旅游区中重点构建滇西北旅游区。在继续完善和提高现有旅游产品和线路的同时,重点开发新的生态文化和度假旅游产品,推出新的旅游线路,将云南建设成为中国的生态和度假旅游精品区。

旅游建设项目按照6大区域布局,形成区域内部相互关联的整体开发态势。6大区域重点建设的旅游项目包括:

滇中休闲度假旅游产品:重点是昆明滇池国家级旅游度假区的后续开发、以及昆明阳宗海和玉溪抚仙湖度假区的开发、玉溪抚仙湖省级旅游度假区的开发。

滇西北"香格里拉"生态文化之旅旅游线:包括迪庆"香格里拉"峡谷旅游区;宁蒗泸沽湖生态文化旅游区;怒江大峡谷"人类生态文化园"的旅游开发;德钦梅里雪山的后续开发。

滇西文化生态及跨境购物之旅旅游线:包括保山高黎贡山、腾冲火山—热海、瑞丽边境,以及陇川芒市旅游区的开发。

滇西南热带雨林及多国之旅旅游线:包括思茅哀牢山—无量山生态旅游区,沧源阿佤山佤文化、勐腊、景洪和勐连的文化生态旅游开发项目。

滇东南历史文化与边关风情旅游区:包括建水—石屏历史文化旅游区、河口口岸边贸旅游区。

滇东北乌蒙生态旅游区:包括会泽大海草山、昭通大山包黑颈鹤栖息地旅游区的开发。

(二)陕西省主要进行历史文化旅游产品的深层次开发

历史文化旅游产品是陕西省旅游开发的重点,形成以西安为中心,关中为主体,以陕北和陕南为两个侧翼的旅游发展格局。陕西省未来旅游景区开发的重点仍将以历史文化旅游资源为主,形成具有强烈吸引力的历史文化旅游区。

重点进行西安古都旅游区、骊山风景区、法门寺旅游区、咸阳帝王陵墓旅游区、华山旅游区和延安革命圣地等旅游热点景区的产品提升。以秦、汉文化为主线,将秦始皇陵开发建设成世界级的秦文化旅游区及“地下文物宝库”的汉阳陵景区,并大力进行黄帝陵、西岳庙、汉唐帝陵及宫殿遗址等重点文物的保护、维修和开发。重点建设项目包括:

完成秦陵博物馆项目的建设;

汉阳陵的旅游开发;

骊山旅游区的后续开发;

黄帝陵旅游区的二期开发工程;

法门寺旅游区建设项目;

乾陵生态环境恢复工程;

华山风景区的后续开发和供水生态保护工程;

秦岭北麓生态旅游区建设、太白山园区改造和新项目建设。太白山、佛坪自然保护区的建设与开发,陕西秦岭大熊猫旅游区建设;

陕北延安旅游扶贫旅游项目。

(三)甘肃省重点建设区域是河西走廊精品旅游区建设

重点建设和完善河西走廊旅游带,再现河西走廊历史风貌,丰富旅游项目的文化内涵,形成丝绸之路上的黄金旅游段。重点建设三个旅游区:

以兰州为依托的丝绸之路和黄河文化旅游区;

以敦煌为依托的西部丝路文化旅游区;

以天水为依托的东部旅游区。

重点建设项目包括:

酒泉“地下艺术长廊”、卫星航天城建设。通过酒泉地区墓葬文化的开发,再现河西走廊历代政治、文化和社会形态;

敦煌莫高窟、月牙泉—鸣沙山旅游区的后续开发;

嘉峪关长城文化旅游开发;

天水麦积山旅游区的后续开发;

甘南草原、陇南旅游扶贫及藏、回风情、草原风光旅游项目建设;

黄河风情、黄河石林、黄河三峡、大地湾、榆林窟等景区的开发。

(四)宁夏重点开发项目

分6大旅游区开发建设,即沙湖旅游区、西夏陵旅游区、金水旅游区、青铜峡旅游区、沙坡头旅游区、六盘山旅游区。建设的重点项目是:

六盘山旅游扶贫工程;

银川、沙坡头旅游区的后续开发;

以西夏文化为特色的西夏王陵旅游区的开发。

(五)青海重点开发大河源头旅游线

青海省旅游业以西宁市为中心,以格尔木和玉树为两个旅游依托城市,以青海湖和三江源为品牌,建设重点旅游区和黄金旅游线。

重点建设的旅游线包括:

黄河旅游线;

青海湖旅游线;

三江源旅游线;

唐蕃古道旅游线;

民俗宗教文化旅游线;

重点建设的旅游区包括:

以万里黄河第一县玛多县县城玛查里为中心的黄河源头三湖(扎陵湖、鄂陵湖和冬给错纳湖)自然风光及狩猎旅游区;

以玛沁县大武镇为中心的中部宗教文化及藏民族生活风情旅游区;以班玛县玛可河林场为中心的南部原始森林、历史古迹、中国工农红军长征遗迹及宗教、民俗风光综合旅游区;

以青海湖为中心的生态旅游区;

以格尔木为中心的昆仑文化旅游区;

以玉树为中心的藏文化旅游区。

重点开发的旅游项目包括:

黄河源头旅游区建设;

青海湖生态旅游区的开发,包括环湖生态旅游公路的建设;

原子城的旅游开发项目;

以塔尔寺为重点的藏民族风情旅游区;

昆仑山玉珠峰登山旅游区建设;

循化—同仁县旅游扶贫区的建设。

(六)新疆西域文化旅游产品开发

新疆重点开发“五区三线”。“五区三线集”中了新疆最具特色的旅游资源。五区包括:

以哈纳斯湖为重点的生态旅游区;

以天池和博斯腾湖为重点的自然风光旅游区;

以吐鲁番为重点的古文化遗址旅游区;

以喀什为重点的民族风情旅游区;

以伊犁为重点的塞外江南风光旅游区。

重点线路包括:

哈密—吐鲁番—库尔勒—塔中—和田—喀什—阿克苏—库车—乌鲁木齐;

乌鲁木齐—天池—乌伦古湖—哈纳斯湖—克拉玛依—沙湾—石河子—乌鲁木齐;

乌鲁木齐—奎屯—阿拉山口—博乐—温泉—塞里木湖—伊犁—巴音布鲁克—金沙滩—乌鲁木齐。

重点旅游开发项目包括:

天山天池旅游景区后续开发;

吐鲁番以交河故城为主的古文化遗址、库车龟兹文化、达坂城文化旅游资源的开发;

喀什民族风情旅游的开发;

巴音布鲁克草原和湿地、那拉提草原生态旅游区的开发;

哈纳斯湖、博斯腾湖、塞里木湖湖泊生态旅游区的开发;

塔里木河的生态恢复工程和旅游开发项目。

(七)四川省黄金旅游线建设

四川省旅游开发将以4个旅游区为基本格局,以成都为中心形成4条旅游环线。4个旅游区包括成都口岸旅游区、川西生态旅游区、乐山/峨眉山旅游区、自贡/蜀南竹海旅游区;4条旅游线包括北环线、西环线、南环线和东环线。

重点建设2条具有国际市场吸引力的黄金旅游线和4条精品线路。其中2条黄金旅游线是:

成都府南河—都江堰—卧龙自然保护区—九寨沟—黄龙风景区—王朗自然保护区(平武县)—江油—广汉三星堆—成都大熊猫繁殖研究中心;

成都—瓦屋山—峨眉山—乐山大佛—自贡恐龙博物馆—蜀南竹海。

4条精品旅游线是:

九寨沟—黄龙—大草原—羌寨奇山异水、藏羌风情旅游线;

乐山大佛—峨眉山—三苏祠—仙女山佛像、长寿文化休闲度假旅游线路;

都江堰—青城山—卧龙大熊猫自然保护区—四姑娘山—蜂桶寨生态观光旅游线；

自贡恐龙—宜宾蜀南竹海—泸州佛宝观光度假旅游线。

以4个旅游区为依托,旅游建设重点项目是:

世界遗产九寨沟的后续开发；

成都大熊猫繁育中心的旅游开发；

广汉三星堆古蜀文化的旅游开发；

海螺沟冰川公园的建设和旅游开发；

稻城亚丁生态旅游区开发。

(八)重庆加快都市旅游中心的形成

重庆市旅游业发展的基本布局是:以重庆市区为一个中心,以长江三峡为主线的黄金旅游线和8个特色旅游区。8个旅游区包括:

重庆主城区的旅游中心功能和对西南地区旅游辐射集散的口岸功能。重点建设长江三峡国家级旅游精品线路。结合三峡移民迁建工程和库区生态环境综合治理,着重抓好以沿江码头为重点的基础设施配套建设,结合交通码头和旅游码头的建设、游船规范管理,全面改善沿江环境质量和旅游城镇形象。

重点开发重庆四面山、三峡重庆区段等,库区形成后的生态建设和移民生产,要与旅游开发结合起来。仙女山高山草甸和芙蓉洞的开发,现已基本成型;乌江画廊,与遵义相连;沿成渝公路旅游线路要做大;打通大足石刻至钓鱼城古战场遗迹线路,与陕西秦岭旅游区相连,把重庆市建设成西部旅游大都市。重点建设的旅游项目包括:

三峡库区旅游综合开发工程；

大足石刻艺术旅游区；

四面山/金佛山生态旅游区；

合川钓鱼城古战场遗址旅游区；

仙女山/芙蓉洞观光休闲旅游区；

巫山小三峡旅游区；

温泉湖泊度假旅游区。

(九)贵州喀斯特特色旅游项目开发

以省会贵阳为中心,形成向东、南、西、北辐射,并与周边省市线路有效衔接的开放性的旅游发展格局。

东线以苗、侗少数民族风情为主,形成贵阳—凯里—榕江—从江—黎平的旅游线路,并与广西三江、桂林旅游线路相衔接,第二条线路是施秉—镇远—铜仁,并延伸至湖南张家界的黔东民族风情旅游线。

西线以喀斯特地貌景观为资源基础,形成贵阳—红枫湖—安顺—龙宫—黄果树瀑布—织金洞—马岭河峡谷,延伸至云南路南石林—昆明的旅游线。

南线以喀斯特原始森林生态和少数民族风情风情为主,形成贵阳—都匀—三都—荔波,向南延伸至广西的黔南的旅游线。

北线以长征之旅和酒文化为特色,形成贵阳—息烽—遵义—茅台—赤水,并延伸至重庆、长江三峡的黔北旅游线。

在产品建设方面,以贵阳市为中心,建设 9 个大型旅游区,开发 10 个专项旅游产品,营造 3 个主题品牌旅游产品,形成 3 条省内旅游环线。重点建设项目包括:

荔波樟江风景名胜区建设;

贵阳南江风景名胜区建设;

织金洞风景名胜区建设;

黄果树—龙宫聚水区的生态环境恢复重建保护工程;

大乌江—梵净山生态旅游扶贫项目;

黄果树旅游区的后续开发;

兴义马岭河峡谷—万峰湖旅游区的建设;

黎平侗乡旅游区建设 ;

荔波瑶山瑶族风景区;

赤水生态旅游区建设。

(十)广西喀斯特生态和文化旅游项目开发

以桂林—柳州—南宁—北海为轴线,开发桂北、桂南、桂东、桂西 4 大旅游经济区和 6 大旅游线路(桂林—柳州—南宁—北海(钦州、防城港)南北中心旅游线、桂北山水民俗风情旅游线、南国边关风情旅游线、环北部湾滨海边境旅游线、桂东历史文化宗教名胜旅游线、桂西奇山秀水生态风情旅游线),营造 10 大旅游精品(桂林山水风光游、北海银滩休闲游、南国边关览胜游、壮乡文化风情游、瑶苗侗乡采风游、千年灵渠寻古游、花山崖画探奇游、金田名胜古迹游、百色小平足迹游、巴马寿乡探秘游)。重点开发项目包括:

乐业大石围天坑群旅游区开发工程;

桂林漓江旅游区水环境治理工程;

中越边境生态风情旅游带开发工程；

南宁绿色都市旅游开发工程；

广西凭祥、东兴边贸口岸旅游区开发工程；

兴安灵渠历史文化景区开发工程；

阳朔遇龙河—兴坪生态田园风光景区项目；

资源资江—八角寨生态扶贫景区开发工程；

龙胜龙脊梯田景区开发完善项目；

桂平太平天国金田起义地址旅游开发工程；

金秀大瑶山生态风情旅游开发工程；

三江、融水侗苗族风情旅游区建设项目；

昭平黄姚古镇历史文化旅游景区项目；

南丹白裤瑶民族风情和地下河旅游区建设项目；

北海银滩改造及后续深度开发项目；

北海涠洲岛滨海生态旅游开发项目；

防城港江山半岛—东兴金滩旅游度假区开发建设项目；

宁明花山国家级风景名胜区旅游开发工程。

（十一）内蒙古东、西部旅游线路的分期开发

重点开发草原、森林、沙漠、边境、民族风情、历史古迹旅游，包括呼伦贝尔和锡林郭勒草原旅游、满洲里、二连浩特边境口岸旅游、中部历史文化和西部沙漠旅游、大兴安岭森林和冰雪旅游产品。重点开发以北京市为客源的中部旅游线路，以沈阳、长春等东北地区大城市为客源的东部旅游线。

重点建设线路为：

呼和浩特—乌兰查布草原—包头—库布旗沙漠—东胜—伊金霍洛旗—成吉思汗陵—准格尔旗历史文化和沙漠旅游线；

乌兰浩特—阿尔山—海拉尔—呼伦贝尔草原—满洲里—额尔古纳草原森林边境旅游线；

赤峰—克什克腾旗—锡林浩特—西乌珠穆沁草原—正蓝旗元上都遗址—多伦草原、历史文化旅游线。

重点建设项目扫包括：

兴安盟阿尔山草原、森林、温泉和口岸旅游区建设；

满洲里口岸旅游区建设；

鄂尔多斯成吉思汗陵旅游区建设；

库布齐沙漠响沙湾旅游区建设;

呼伦贝尔草原生态旅游区开发建设;

锡林郭勒草原生态旅游区建设;

元上都民族文化旅游区建设;

阿拉善贺兰山宗教文化与原始次生林景观区建设;

赤峰克什克腾旗草原生态旅游区建设;

大青沟沙地森林生态旅游区建设,兴安盟阿尔山草原、森林、温泉和口岸旅游区建设;

响沙湾旅游区的后续开发。

(十二)西藏特色旅游区的建设

加快以拉萨为中心的旅游区建设,重点开发林芝、昌都、那曲、山南等地区的旅游资源。

重点建设项目包括:

新建工布江达县错高湖旅游度假区,开发错高湖旅游专线;

林芝大峡谷旅游开发区;

雅砻河谷风景区建设;

南迦巴瓦、雅鲁藏布江旅游开发区;

珠峰国际登山探险基地建设;

拉萨—日喀则旅游线的后续开发;

八宿县然乌湖生态旅游开发。

第九章 湘西土家族苗族自治州、恩施土家族苗族自治州和延边朝鲜族自治州旅游发展战略

提 要

湘西:以资源为依托,以市场为导向,以效益为中心,以科技创新为动力,以国家实施西部大开发和大力发展国内旅游为契机,坚持政府主导,市场运作的原则,走可持续发展之路,实施旅游产业带动战略,动员相关部门和社会力量支持,把旅游业作为第三产业的重点和新的经济增长点来抓,壮大支柱产业。

着力打造猛洞河生态游、吉首民族风情游、凤凰历史文化名城游和南方苗长城4个精品。

鄂西:地处湖北省西部,以自然风光为主,生态特色突出。要根据当地旅游资源的不同特色,开发特色旅游产品,建立生态旅游区,并突出旅游活动的层次化、多元化和全方位,以满足不同类型、不同层次游客的需要。

提高恩施到主要景区的交通干道等级;提高恩施城市的旅游吸引力,完善旅游基础设施,使之成为恩施土苗民俗生态旅游区的组织集散中心。

延边:旅游开发的总体思路是提高认识,科学规划与管理;突出特色,加快产品开发;适度倾斜,搞好重点项目建设;尽快编制《延边旅游规划》,推动重点项目开发进程,发展生态旅游。充分发挥延边长白山自然风光、朝鲜族民俗风情和中、朝、俄边境风貌等旅游资源优势,把延边建成东北生态观光休闲旅游区、跨国商贸度假旅游区和中部民俗文化观赏旅游区。建设延吉和珲春2个旅游接待中心城市和4大旅游产品的开发,建造4条重要旅游线路。

按照国务院西部开发办《关于西部大开发若干政策措施的实施意见》(国务院西部开发办,2001年8月28日),湖南省湘西土家族、苗族自治州,湖北省恩施土家族、苗族自治州,吉林省延边朝鲜族自治州享受西部开发的有关优惠政策。为此,本项目对此三个州的旅游开发战略作专门论述。

一、湖南省湘西土家族苗族自治州(简称湘西)

湘西地处连接云贵高原的武陵山区,位于湖南省西部,总面积1.5万多平方公里,总人口260多万,其中土家族苗族人口占三分之二。

(一)旅游资源

本区东邻常德桃花源,西接贵州梵净山,南通广西桂林,北与张家界国家森林公园毗邻,区位优势十分明显。旅游景点主要分布在横穿该州南北100多公里的枝柳铁路沿线。主要风景区包括:各具特色的猛洞河自然生态风光旅游区、吉首德夯民族风情旅游区、凤凰历史文化名城旅游区、花垣古苗河旅游区、古丈栖凤湖旅游区、泸溪沅水风光旅游区、龙山大峡谷旅游区等等。2002年6月以后,在龙山县里耶古城,先后发现了6000枚秦简,是继秦代兵马俑后,秦代考古的又一惊世发现,必将为湘西旅游带来新的契机。游览观光面积约1600多平方公里。

1. 自然风光

(1)水上画廊猛洞河,位于沅水上游酉水中段,为风滩水电站建成后形成的高峡平湖。上起不二门,下至龙门峡,全长100多公里,景区面积255平方公里。平湖两岸石壁耸峙,古木参天,溶洞密布,怪石嶙峋,有龙门峡、观音洞、八音石瓜洞、金狮洞、鸳鸯峡、金蟾洞、断臂石、三月鼎寺、小龙洞、大圣峡、阴阳神风洞、猴儿跳、仙女峡、风流岩、老司岩等15个主要景点;猛洞河百里峡谷漂流被誉为“天下第一漂”。

(2)德夯寨距湘西自治州州府吉首市西郊仅20公里处,属省级风景名胜区。这里山势跌宕,绝壁高耸,峰林重叠,形成了许多断崖、石壁、瀑布、原始森林。区内溪河交错,四季如春,气候宜人,有丰富的动、植物资源,自然风光秀丽迷人。

(3)公路奇观矮寨坡,为国道319干线(旧称湘川公路)公路奇观。自下而上经13处弯道方达坡顶。山势陡峭险峻,近坡顶处有一公路天桥,全国罕见。山顶建有“湘川公路死事员工纪念碑”及“开路先锋”铜像。

2. 古代建筑

(1)凤凰县黄丝桥城堡是国内至今保存最好的一座城堡,古城始建于唐垂拱三年(公元687年)经宋、元、明、清各代改造修葺,建国后省县政府又拨款修复,形成了一座雄伟壮观的石头城。

(2)石门天凿不二门位于永顺县城南3华里猛洞河畔,是猛洞河风景区的又一佳景。区内散布着培英塔、热水坑、八阵图、洗心池诸景。

(3)天王庙也称三侯祠、三王庙,位于凤凰县城东南观景山麓,游人从东门井沿百级石阶可登山进庙。天王庙不仅是凤凰县的历史古迹,民族古建筑的典范,而且还是辛亥革命纪念地。

(4)最美的小镇凤凰城是吉祥美丽的象征,凤凰县城四面青山环抱,风景秀丽。古老的建筑错落有致;青石板的街道纵横交错。东岭迎晖、南华叠翠、山寺晨钟、龙潭渔火、奇峰挺秀、兰径樵歌、梵阁回涛、溪桥夜月等“八大景”造就了山城的灵气和秀色。山城边的吊脚楼,北门码头,沱江河上的跳岩都有浓浓的、醉人的、美丽的传说。近年来,凤凰旅游蜚声国内外,前来凤凰观光旅游的游客络绎不绝。

(5)长城一向被认为是中原地区用以抵御北方游牧部落的防线,最近在南方的湖南凤凰县也发现了极少见于史端的苗疆长城。经专家证实,凤凰发现的苗疆长城始建于明朝万历年间(1573 年 ~ 1620 年),全长 190 公里,北起湘西古丈县的喜鹊营,南到贵州铜仁境内的黄会营,其中大部分在凤凰县境内贯穿而过,也许由于南方少数民族的军事实力不如北方少数民族强大,苗疆长城也就没有修筑得像北方长城那样雄伟壮观,但苗疆长城是中国长城的一个组成部分,应和北方长城一样加入世界文化遗产之列。

3. 民族文化

土家族的文学主要包括口头文学和书面文学两部分。口头文学主要包括歌谣和神话传说。歌谣可分为古歌、劳动歌、情歌、诉苦歌、长篇叙事诗歌等。

《摆手歌》又称为《舍巴歌》,舍巴就是跳摆手舞的意思,摆手歌是土家族的巫师梯玛和摆手掌坛师在节日里举行摆手活动时用土家语所唱的古歌。内容十分丰富,包括天地起源、万物萌生、民族迁徙、祖先业绩以及先民的劳动与生活。其气魄宏大、形式多样、语言朴素生动、艺术手法巧妙,绝非某一时代某一梯玛的创作,而是土家族先民长期创作与智慧凝聚而成的古代艺术明珠。

《梯玛神歌》是土家族巫师梯玛为他人消灾祛难而做法事时用土家语所唱的请神之歌。内容涉及到古代土家族的政治、经济、历史、哲学、民俗风情等,是一部史诗性的古歌。

劳动号子,是土家族人民在从事各种劳动时所发出的以呼喊为主的一种歌谣。起着协同劳动、统一步调、鼓舞情绪、调节疲劳的作用。由于土家族多依山傍水而居,与岩石、木材等打交道多,故劳动号子又以船工号子、石工号子、放排号子、拖木号子等为主。

摆手舞，土家人称之为“舍巴”，是土家族人民新春佳节时所跳的一种集体舞蹈。分为小摆手舞、大摆手舞两种。小摆手舞每年举行一次，规模较小，主要是跳一些农事舞，舞蹈内容多为模仿一些农事及日常生活的动作，日期不定，一般是在每年农历的正月初三至十五之间的晚上。大摆手舞每三年举行一次，时间也是在农历正月的初三至十五之间。不过规模较大，参加者往往有成千上万人，跳舞长达 7 天 7 夜，内容除了表演农事舞之外，还有模拟军事动作的大型战舞。

“毛古斯”，是土家一种古老的戏剧形式。它的内容主要是为纪念先祖开拓荒野的业绩。多在春节期间跳完摆手舞之后演出。表演者浑身扎着稻草、茅草、树叶等，由十五六人组成，扮演一家人，内容分别为打猎、种田、钓鱼、接亲、先生教书等。

苗族的神话反映了苗族人民对自然现象的解释、臆测和幻想，记录和描绘了人类认识、改造自然界的历史。如《张郎张妹》、《盘古开天地》等神话故事。

苗族人民能歌善舞。苗族舞蹈主要有《芦笙舞》、《跳月舞》、《鼓舞》、《龙灯舞》、《狮子舞》等。其中最有特点的要数《芦笙舞》和《鼓舞》。

苗族还有一种独特的戏剧剧种——苗剧。它以苗歌、苗老司唱腔以及苗族传统武术、舞蹈为基础，并吸收傩堂戏等剧种的表演艺术创作而成。有名的剧目有《谎江山》、《龙宫三姐》等。

4. 手工制品

土家族人心灵手巧，工艺品中最有特色的便是“西兰卡普”。“西兰卡普”是土家织锦，如今，土家织锦已由过去单一的铺盖发展成为壁挂、被单、服装、座垫、床垫等旅游纪念品、工艺装饰品和生活用品。土家织锦还参加了伦敦国际博览会，在北京人民大会堂湖南厅中也悬挂着土家织锦《岳阳楼》。土家织锦已经出口到东南亚、西欧、拉美等国家和地区。

湘西旅游资源优势可以概括为集山水风光、历史文化、民族风情、原始野趣、流泉飞瀑于一地、融古城、古镇、古寨落、古遗迹为一体。以自然风光、民族风情为特色、南方长城为亮点的开发格局已基本形成。

(二)旅游业发展现状

该州旅游业的开发建设在“九五”期间有了较大发展，初步树立了旅游产业形象。1999 年全州共接待海内外旅游者 913 万人次，入境旅游者 10460 人次，旅游总产出 8642 万元，创汇 300 万美元。旅游业占全州 GDP 的 16% 以上。

基础设施在逐步完善，交通、邮电、通讯网络及综合接待能力已初具规模，现有不同档次的高中档床位8000多张，旅游车船120多辆（艘），旅游从业人员8000多人，其中专业人员占总数的10%。初步形成以猛洞河漂流为窗口，民族风情山水风光为重点，铁路线、国道线为网络的开发格局。

（三）旅游开发对策

1. 指导思想

以资源为依托，以市场为导向，以效益为中心，以科技创新为动力，以国家实施西部大开发和大力发展国内旅游为契机，坚持政府主导，市场运作的原则，走可持续发展之路，实施旅游产业带动战略，动员相关部门和社会力量支持，把旅游业作为第三产业的重点和新的经济增长点来抓，壮大支柱产业。

2. 发展思路

该州旅游资源丰富，既有自然旅游资源，又有人文旅游资源，既有数量的优势，又有品位的优势。未来10年，是该州旅游业高速发展、壮大支柱产业优势的关键时期。该州旅游产业发展要突出重点，着力打造猛洞河生态游、吉首民族风情游、凤凰历史文化名城游和南方苗长城4个精品。同时，各县市要结合自身实际，推出自己的品牌，使旅游产业成为各县市的支柱产业。

（四）宏观布局

1. 一带三线七区建设

（1）建设一个旅游带。以吉首为中心，以凤凰为龙头，实施“猛洞河（栖凤湖）—吉首—凤凰”产业带开发构想，突出猛洞河生态旅游、吉首民族风情游和凤凰历史文化名城游三大特色，形成依托张家界和铜仁大兴两个空港的旅游经济走廊。坚持总体规划，分步实施，加大投入，联合促销，强化管理的原则，促使旅游产业带内的旅游交通、旅游饭店、旅游招待、旅游商品、旅游娱乐等快速发展，逐步实现壮大支柱产业的目标。规划后期，产业带内将实现“食、住、行、游、购、娱”一条龙服务，建设成与国际旅游接轨的旅游胜地和国内著名的旅游线。

（2）完善三条旅游精品线路。凤凰古城—吉首德夯—猛洞河（栖凤湖）—张家界—长沙风光风情旅游线；吉首—猛洞河（栖凤湖）—小溪—张家界生态旅游线；吉首—猛洞河（不二门）—乌龙山大峡谷—三峡山水风光旅游线。

（3）开发7个特色旅游区。猛洞河生态旅游区。包括：猛洞河生态漂流、猛洞河旅游经济开发区、不二门温泉疗养、小溪原始次生林国家自然保护区、杉木河、老司城、王村镇、塔卧革命纪念地等。

主要客源市场:依托张家界和吸引广州—张家界—怀化—北京,柳州—襄樊,长沙—吉首,吉首—无锡旅游列车的客源。

发展方向:以生态旅游、土家风情、土特产购物为主。

吉首民族风情旅游区。包括:德夯苗族风情旅游区、八仙湖休闲度假区、天星湖度假区、乾州古城旅游区、吉大校园、湘泉酒文化城、沅溪书院、湘西民族文化博物馆、湘西剿匪胜利纪念馆等。

主要客源市场:州府吉首中心客源市场,湘黔、枝柳、渝怀线旅客,以及湘、鄂、渝、黔四省市周边的客源。

发展方向:民族风情、会议商务旅游等为主。

凤凰历史文化名城旅游区。包括:南方长城、凤凰古城、黄丝桥古城堡、熊希龄故居、沈从文旧居、听涛山公园、南华山国家森林公园、奇梁洞、山江苗寨等。

主要客源市场:国内各大中城市居民,黔渝两省相邻地区、怀化、吉首、铜仁以及湘黔、枝柳、渝怀线带来的客源。

发展方向:修学仿古、文化旅游和休闲娱乐为主。

栖凤湖水上旅游区。包括:罗依溪、河西镇、栖凤湖、高望界原始次生林、坐龙溪、红石林等。

主要客源市场:依托猛洞河、吉首的客源和通过猛洞河火车站中转的客源。

发展方向:以水上娱乐休闲度假、森林考察和茶文化旅游为主。

龙山皮渡河旅游区。包括:乌龙山大峡谷、火岩溶洞群、太平山及西水风光带等。

主要客源市场:鄂西、黔江、三峡和张家界、猛洞河、吉首等地辐射的客源。

发展方向:以避暑度假、土家风情、乌龙山大峡谷溶洞观光、探险考察和太平山宗教旅游为主。

花垣古苗河旅游区。包括古苗河、花垣古镇、茶山同边城、麻栗场苗寨、大、小龙洞瀑布、小排吾石林等。

主要客源市场:依托长渝高速公路、猛洞河、吉首、凤凰旅游区辐射的客源。

发展方向:以探险考察、苗族文化风俗、苗寨农家乐为主。

泸溪沅水风光旅游区。包括武溪镇、浦市镇、白沙新城、泸溪沅水风光带、天桥山等。

主要客源市场:依托长渝高速公路、吉首、凤凰、沅陵、桃花源旅游区辐射的客源。

发展方向：以研究目连戏、盘瓠文化、佤乡民俗和沅水风光旅游为主。

2. 旅游区建设

开发建设的重点是猛洞河、吉首、德夯、凤凰古城、南方长城。

(1)猛洞河。要按照争创国家4A级景区要求，重点抓好6大工程：

猛洞河生态漂流配套工程；

小溪生态旅游区资源保护和开发工程；

王村古镇保护工程；

弘扬土家民族文化的老司城保护开发工程；

服务质量管理工程；

努力办好以旅游为龙头的猛洞河旅游经济开发试验区。

(2)吉首德夯。要按照争创国家3A级景区的要求，重点整理挖掘苗族传统节目，丰富歌舞娱乐的民族文化内涵。积极筹建国家地质公园和世界体育攀岩基地。按旅游村的要求加强德夯村的精神文明建设。搞好生态保护和造林绿化工程，八仙湖要按旅游度假村的要求大力开发水上游乐、休闲度假项目，将吉首市建成湖南西部和四省(市)边区民俗生态旅游中心城市、游客集散中心和中国优秀旅游城市。

(3)凤凰历史文化名城。要按争创国家4A级景区要求，抓好“南方长城”的保护和国家级历史文化名城的整治工作，整修凤凰古城明清建筑群，黄丝桥古城堡仿唐城改造，整治沱江河道，完善配套服务设施，建好沈从文故居和熊希龄故居，搞好听涛山公园和奇梁洞二期工程、南华山国家森林公园度假村。争创中国优秀旅游城市和申报世界文化遗产。

(4)栖凤湖。栖凤湖开发要依托猛洞河，利用名人效应，抓好栖凤湖水上娱乐和茶文化项目的开发。

(5)皮渡河。皮渡河也要依托猛洞河，利用乌龙山大峡谷溶洞观光探险特色旅游项目，展示神奇的自然景观和丰富多彩的土家族风情。

3. 建设14个专项旅游产品

未来10年，湘西要努力争取建成一个国家级旅游区(猛洞河)，一个世界文化遗产(凤凰古城)，一个西南苗族风情旅游区(德夯)，一个国家级历史文化名城(凤凰)，一个国家级自然保护区(小溪)，两个国家森林公园(南华山和不二门)，一个省级自然保护区(杉木河)和4个省级度假村(小溪、八仙湖、皮渡河、栖凤湖)和一个省级旅游经济开发区(猛洞河)。开发14个专项旅游产品：(1)猛洞河生态漂流；(2)猛洞河平湖览胜；(3)王村古镇游；(4)不二门温泉休闲；(5)小溪原始次生林生态旅游；(6)老司城寻古；(7)德夯苗族风情；(8)八仙湖水上娱乐休闲度假；(9)凤凰历史文化名城和中国南方长城观光游；(10)南华山国家森林公园游；(11)乌龙山大峡谷溶洞观光探险；(12)泸溪沅水风光带；(13)栖凤湖水上娱乐；(14)花垣苗族赶秋和古苗河探险。

(五)近期重点建设项目

详见表9－1。

表9－1　湘西地区旅游开发近期重点建设项目

项目名称	建设内容及规模
1. 凤凰历史文化名城基础设施建设	开发中国南方长城、凤凰古城、黄丝桥古城堡、奇梁洞、南华山国家森林公园游道75km、停车坪2.5万 m^2、休息室、景点建设及照明、古街道恢复5km
2. 猛洞河经济开发区基础设施建设	开发区三通一平及街道硬化7.4km，广场4000m^2，王村古镇维修3km，恢复老司城地宫1200m^2，内罗城200m^2，九街十巷4600m，小溪防水游道50km，公路绿化20km，小溪移民改建公路10km，建房7.6万 m^2，建猛洞河土家生态园1.4万亩，建成哈尼宫码头及沿河景点，疏竣河道，建设不二门国家森林公园游道5km，新建温泉疗养院，改造寺庙、景点，保护生态5032公顷
3. 吉首民俗旅游综合开发项目	扩建德夯景区游道4km，开发八仙湖生态旅游区和湘泉酒城，修复与开发乾州古城，修建湘西剿匪胜利纪念馆和民俗博物馆，开发小溪民族文化村改造游道3km，建设湘西旅游商品基地
4. 栖凤湖旅游区基础设施建设	修建栖凤湖环湖游道9km，修建高望界、坐龙溪旅游公路15km，兴建栖凤湖内湖大坝，改造猛洞河火车站台及停车场、改造猛洞河码头

二、湖北省恩施土家族苗族自治州(简称鄂西)

鄂西地处湖北省西部，面积24460平方公里，人口378.7万人，其中土家族苗族人口占一半以上。

(一)资源特色

恩施州旅游资源个性分明，别具特色。既有清幽秀雅、险崖绝壁的峡谷风光，又有怪石嶙峋、千姿百态的溶洞景象；既有沉积已久的历史文化遗产，又有独特的土家民俗风情;既有珍贵稀特、原始神秘的花海药园,又有令人神往的古今壮观建筑。

1. 奇峰秀石,险崖绝壁,八百里清江尽画廊

发源于利川福宝山麓凉风垭龙洞沟的清江,流经于峡谷龙洞之内,蜿蜒于危岩绝壁之间,静卧于山青水碧的群山之中,是天造的人间画廊,不是三峡,胜似三峡。清江逶迤八百里,将大巴山、武陵山脉切割成千姿百态的奇崖险峰,两岸青山,或孤峰耸立,或基联峰立,或玲珑秀逸,或宏伟翘首,仪表非凡,"三明三暗",至黑洞复出,穿过"危岩相向,其高摩天"的三十里雪照画廊与天楼地枕蜿蜒而下。特别是现已开发的清江漂流河段,其间大小滩头数千个,游客乘橡皮艇行涛赶浪,有惊无险。两岸风景原始古朴,奇石怪峰峭丽密布,吊脚楼群和百顷竹山穿插其间,观赏山重水复的神妙,使人领略到回归大自然的超然情韵。

神农溪发源于神农架,两岸悬崖峭壁高耸,奇石怪山造型奇特,三峡大坝蓄水后,平阳坝湖面视域开阔,碧波荡漾,令人心旷神怡。

2. 奇洞怪石,飞瀑流云,卧龙吞江

鄂西山区为典型的喀斯特地貌,奇峰陡崖,令人叹为观止。巴东县境内格子河石林,也是碳酸盐岩被侵蚀而成的一种喀斯特地貌,整个石林就像一座精妙绝伦的盆景;恩施梭布垭石林奇特,胜过路南石林。除此之外,建始县境的石柱观,其石柱拔地而起,突兀凌空,巍然屹立。渣树坪的十八革,岩溶石峰林立,溶缝纵横交错。"藏在深闺人未识"的建始五峰微型石林,幽苍相隔,宛如迷宫。

不仅如此,地下岩溶的发育使鄂西山区洞穴密集分布,景象各异。由于清江多流经石灰岩地区,水流常由溶洞转入地下,其中干流上游利川落水洞最为著名,有"三明三暗"之称。那奔腾的江水突然入洞消失,构成罕见的地下伏流——卧龙吞江,其上有被誉为世界级的腾龙洞,雄奇壮观。其独特的地质、水文特征,使其岩溶十分发育,类型特别齐全,为世界上洞穴堆积和结晶形态最为集中的溶洞之一。鄂西地区沟整纵横,山高谷深,暗河分布其间。悬崖绝壁之上,泉流沿裂隙或洞口流出,如东门关瀑布、见天坝瀑布等,又是一幅天然胜景。

恩施由于山高谷低,形成多种小气候环境,因而终年有云雾,四季有云海。登临齐岳山,群峰峥嵘于惊涛骇浪中沉浮追逐,如万马奔腾,可谓珍奇。

3. 民俗文化,源远流长,诱人探究

恩施是土家族苗族自治州,州内各地保存着丰厚的土家历史文化。清江源头都亭山是古代巴国民族英雄巴蔓子将军的葬身地；唐崖土司皇城遗址，仍能透过那残壁断垣看到昔日三街十六巷的繁盛景象；仙佛寺的摩崖造型在那陡峭的赤色石壁上显示着土家人高度的智慧和创造精神；岩葬、悬棺之谜令人难解；“竹枝词”、“摆手舞”、“跳丧舞”、“龙船调”、“吊脚楼”和精美的刺绣品等，都富有浓郁的土家风采。苗族风俗更为独特。

土家民间歌舞，是民族文化艺术与现实生活互相融合的结晶。土家族人上山要唱山歌，田间劳作要唱田歌，抬石等要唱号子歌，出嫁要唱哭嫁歌，还有掰秧歌、放牛歌、赶场歌、砍柴歌等。利川龙船调唱遍神州大地，飘洋过海，成为全世界25首优秀民歌之一。盛行于土家各乡村的哭嫁歌，被音乐家们誉为“中国式的咏叹调”。

美丽的自然风貌，独特的民俗风情，幽远的历史文化，使恩施地区披上神秘之纱，吸引更多的人们去体味、寻根和探究。

4. 花海药园，珍禽异兽，天下奇特

茂密的森林、丰富的植被、复杂的气候和多样的地形，造就了复杂的植物区系，珍稀树种闻名遐迩。此外，还有丰富的动物资源，其中珍稀保护动物16种，华南虎、金丝猴、猕猴、大鲵属重点保护对象。恩施州森林覆盖面积就达84.6万公顷，素有“鄂西林海”之称。莽莽丛林中生长着许多优质木材和珍奇树木，除松、标、柏、桦、楠等外，还有“活化石”——水杉、珙桐、台湾杉以及闻名世界的毛坝漆，这里曾是第三纪生物的“避难所”、某些植物种类的“摇篮”，水杉系距今1亿年的树种，它是经历冰川劫难而幸存下来的世界稀有种类的优良速生树种，现已成为珍贵的种源“母树”。同时州内保存的孑遗和珍稀植物种类较多，宣恩的天然珙桐群落，坪坝营的古树杜鹃更是罕见，特别是在享有“华中植物园”盛誉的星斗山自然保护区，自然生态保护完好，属国家级保护的动植物种类繁多，尤其以保护和珍稀植物比较集中。

州内一年四季，花团锦簇，百里飘香。亭亭玉立的玉兰，是名贵的早春花木；兰花有60多个品种，杜鹃花近100种。另外，在药用植物中，有黄连、党参、当归、天麻、杜仲、厚朴等2000多种，均驰誉国内外。药用植物药用价值高，如“江边一碗水”、“绞股蓝”等珍稀植物，对治疗癌症有特效作用。此外，还有特有的野生食用植物，如药菜、薇菜，是中国的传统佳肴，属于保健食品和生态食品。

丰富的动植物资源，代表不同自然地带的自然环境和生态系统，划定不同类型的自然保护区，在科研、教育和旅游等方面都具有重要的作用。

5. 土司苗寨，构造奇特

鄂西的吊脚楼既有西双版纳吊脚楼的风格，又吸收了中原院落式建筑的特点，是中原院落式建筑同西南杆阑式建筑的完美结合，尤以来凤卯洞为代表。土家族村落山寨，保持着与大自然相映成趣的原始风貌，是我国南北建筑艺术的中介环节，有着特殊的科学价值和艺术价值。

（二）产业现状

1. 基本建设

恩施州介于国内外知名度较高的张家界—武陵源与长江三峡旅游胜地之间，北邻神农架，地理位置较为优越。但是，由于景区开发力度不够，服务设施不配套，致使其利用率和效率都较低。（1）内外交通状况。主要依赖于公路网和水道航运，并辅以空运。州内现有两条国家级公路（318、209 国道）纵横境内，区内有建始—鹤峰、咸丰—利川、利川—万县、巴东—神农架等地、县级公路，且区镇与乡之间基本上有公路相连，全境公路运输网已初具规模。另外，在三省周邻地区惟有恩施市有机场，该机场可起降波音 737，同时川汉铁路枝万段正在进行前期勘察选线工作，有望在未来几年施工，这一切为旅游业的发展提供了良好的条件。

随着清江的水电梯级开发工程的实施，从高坝洲以上将形成一条 270km 人工航道，现有的险滩礁石将尽埋湖底，对交通约束很大的山洞沟壑成为湖边的岛屿岬角，崭新的航运水道将促进旅游业的进一步发展。

（2）旅游基础设施。旅游基础设施相对滞后。虽然各县市城镇都有一定规模的宾馆、饭店，但是上档次、上水平的还不多。目前，境内无一座三星级宾馆，总体接待能力不够强，服务设施不尽完善。同时，在已开发或待开发的景区（点），由于资金缺乏，景点建设很难得到全面的改进，其功能难以充分发挥。

2. 旅游业发展情况

恩施旅游起步于 20 世纪 90 年代初，截至上个世纪末，全州各县市（鹤峰县除外），都成立了旅游行政管理局；全州旅游资源得到一定程度的开发，基本形成了 4 大旅游景区，即巴东神农溪旅游景区、恩施清江旅游景区、利川腾龙洞旅游景区、来凤仙佛寺旅游景区；两个主要旅游产品，即“双神线”、“恩施清江风情旅游线”。全州具有基本接待能力的景点 18 处，旅游企业 24 家，星级宾馆和涉外饭店 11 家。全州有组织接待海内外旅游者 200 万人次，其中，海外游客 20 万人次，旅游业直接收入近亿元，创汇 2000 万美元。在国际国内旅游业迅速发展的大环境背景下，州四届一次人大会议上明确提出把旅游业作为扩大开放的优势产业和新的经济增长点来培植，这为加快恩施旅游业全面发展带来了良好的机遇。

（三）发展思路

恩施州是长江沿岸、三峡旅游的重要组成部分，要加大社区参与力度，开展旅游扶贫活动；加大对扁舟剧团的支持，进一步提升土家族歌舞和巴东堂戏的表演水平。旅游形象定位为："生态旅游州，民族风情园"。要以清江闯滩景区、梭步垭石林景区为开发重点，整合水布垭高坝观光区、铁场荒森林公园、腾龙洞特级溶洞、齐岳山牧场、鱼木寨等周边的旅游资源；推出生态旅游、自然风光观光游、闯滩特色生态旅游、清江—长江游、乡村生态游等一系列旅游产品。

以自然风光为主，突出生态特色。恩施州以生态环境良好，生物种类繁多而著称，因此，可充分利用这一优势，大力开发生态旅游产品，以满足当代人"回归大自然"的精神需求，同时要根据当地旅游资源的不同特色，按处境分异原则设计不同的特色旅游产品，建立各种不同类型、不同形态的生态旅游区，并突出旅游活动的层次化、多元化和全方位，体现旅游活动的动静结合美、情景交融美，以满足不同类型、不同层次游客的需要。

基础设施是制约本区旅游发展的主要因素，在近期要着力解决恩施的对外交通，提高恩施到主要景区的交通干道等级；提高恩施城市的旅游吸引力，完善旅游基础设施，使之成为恩施土苗民俗生态旅游区的组织集散中心。

要充分利用清江通航之际，开发清江—长江游。实施旅游扶贫战略，支持社区参与旅游规划、管理和经营。通过实施清江闯滩旅游风景区、梭步垭旅游风景区旅游扶贫示范项目，为恩施旅游大发展和旅游扶贫积累经验。

原生的自然环境和纯朴的民风是本区旅游发展的优势，发展高起点、高质量的旅游是本区旅游竞争力的关键所在，因此，在恩施的旅游发展的过程中，开展旅游影响监测工作，确定各景区的旅游容量，执行"可接受的最大影响"原则，控制游客量、游客活动旅游开发行为，最大程度地减小旅游发展的负面环境、社会影响，使本区旅游成为华中地区新型的生态旅游目的地。

（四）宏观布局

以"生态旅游州，民族风情园"的形象塑造为主题，根据州内旅游资源的分布、类型和组合特点，形成以恩施为中心，依托两江（长江、清江）两道（318、209 国道），以线串点带面，构成"三区四品五线一龙头"的总体布局结构。

1. 三大旅游区

（1）以清江中上游流域范围及部分相邻地区为主体的清江中上游生态旅

游区，突出清江自然生态产品和民俗文化。

(2)清江流域北部的巴东县部分地区，是以长江北部的神农溪漂流为核心产品的旅游区，该旅游区也是三峡国际旅游线的组成部分，要争取成为长江三峡旅游区的精品之一。

(3)清江流域南部咸丰、来凤、鹤峰及宣恩部分地区，是恩施州民族文化和历史遗迹最丰富、保留最完好的地区，要将这一旅游区建成以民族风情和民俗文化为特色的生态文化旅游区。

2. 四个旅游品牌

尽管恩施州旅游资源十分丰富，种类齐全，品质优良，但恩施最具有市场竞争能力的主打产品，还是神农溪漂流、恩施清江闯滩漂流、腾龙洞探秘和鱼木寨民俗文化四个旅游品牌。

其中，神农溪漂流已经成为恩施州旅游业的龙头老大，其品牌的知名度享誉国内外，已经得到旅游市场的认可，也得到了许多游客的青睐；恩施清江闯滩漂流号称“神州第一漂”，其惊险、刺激程度以及两岸景色变化万千、异彩纷呈是目前国内其他漂流所无法比拟的；腾龙洞穴是世界级特大洞穴系统，主洞的长度在国内洞穴中排名第二，在世界上排名第十五，而洞体的高大和宏伟更是世界罕见；鱼木寨虽小，但寨内所存的古朴民俗民风和技艺高超、文化底蕴深厚的石刻，乃湖北一绝，是鄂西民俗文化的“活化石”。在恩施州未来旅游的开发中，应首先推出这四个旅游品牌，尽早占领旅游市场，夺取旅游业的“制高点”。

3. 五条主要旅游线路

(武汉)宜昌—恩施—利川—万州—三峡—宜昌；

重庆—恩施—利川—万州—重庆；

武汉(宜昌)—巴东—奉节—恩施—宜昌(武汉)；

武汉—恩施—巴东—神农架—宜昌；

恩施—宣恩—来凤—咸丰—利川—恩施。

4. 一龙头(中心城市)

以恩施市为龙头，将其建成一个集游览观光、旅游服务、旅游管理及游客聚散地于一体的中心旅游城市。

(五)近期重点建设项目

1. 景区建设

各主要景区建设要点如表 9 -2 所示。

表9－2　清江中上游生态旅游观光区主要景区规划要点

区划	规划要点
清江闯滩景区	□ 大力加强市场营销 □ 培育精品线路(多种闯滩线路):提高清江闯滩产品的包装水平 □ 建设和完善上下水码头等配套设施 □ 近期建设重点为阶河探险漂流河段,中远期在水布垭水电站竣工蓄水后,重点开发沐抚探险漂流河段。其重点建设内容为旅游公路、漂流码头、河道疏浚和游客中心
梭步垭石林景区	□ 进一步完善景区产品系列配套,成为恩施土苗民俗生态旅游区的拳头产品之一 □ 近期建设重点为莲花寨、六步关、青龙寺和磨子沟四个景区,建设重点内容为旅游主干道、步游一道、民居改造、旅游解说系统等 □ 中远期建设古柏土家民俗乐园、锦绣谷景区、宝塔景区、梨子坪景区
腾龙洞景区	□ 着力拓展洞内景观,丰富产品的内容,提高洞内景观的可观性 □ 充分利用现代高科技展示系统,通过游客中心的设立,积极向游客进行展示、解说 □ 重点建设内容为步游道、游客中心、洞内照明系统等。
齐岳山牧场景区	□ 开发集娱乐性、健身及生态旅游于一体的重量级旅游产品 □ 完善景区服务配套设施,保持项目的独特性
鱼木寨与大水井建筑群景区	□ 以申报世界文化遗产为契机,加强旅游宣传营销 □ 保护和维修现存的古寨楼、古墓建筑群、古民居等古建筑,逐步恢复部分被破坏的景点 □ 修建景区游览道,有效地连接景区内分散的景点 □ 建设和完善旅游基础设施,重点是供水系统和环卫设施
土家族民族风情项目	□ 提升恩施梭步垭的女儿会:利川的龙船调:清江闯滩船工与导游的土家民歌比赛和歌舞表演:咸丰歌舞团与旅游者的联欢晚会 □ 提升土家旅游节事活动的质量和影响力,集中策划一个在国际市场上有吸引力的土家文化节

2. 重点建设项目

（1）清江中上游生态旅游区开发和环境治理；

（2）来凤旅游扶贫实验区建设项目；

(3) 宣恩县高罗乡土家族风情旅游开发项目。

三、吉林省延边朝鲜族自治州(简称延边)

(一)旅游资源特征

延边朝鲜族自治州有其独特的自然景观和人文景观。享有盛名的长白山,气势雄伟、风光奇特、景色宜人,是闻名中外的旅游胜地。巍峨耸立的白云峰,波光粼粼的天池,咆哮奔泻的瀑布,星罗棋布的的温泉群,亭亭玉立的美人松,"鸡鸣叫三国,犬吠闻三疆"的边境风貌,均令人玩味无穷,流连忘返;特别是多姿多彩的朝鲜族民俗风情,妙趣横生,颇具域外情调,使人耳目一新,每年都吸引了大量中外游客。

1. 壮观的火山山水

(1)火山风光:长白山山顶天池的周围环列着十六座奇峰,其中位于中国境内的白云峰,海拔2691米,是中国东北地区的最高峰,这些山峰嶙峋突兀,千姿百态,气势奇峻。此外,在天池湖畔和岳桦幽谷两侧的岩壁上有天池一处,舰石、宝石、仙人赴会等多处造型地貌。白头山周围还分布着260多座小火山,和白头山一起组成了壮观的火山世界。

(2)火口湖泊:长白山地区是中国火口湖泊最多的地区,有4个"天池",8个"龙湾"。其中最著名的是白头山天池,它海拔2194米,是中国火口湖泊中海拔最高的一个,最深处为373米,也是中国最深的湖泊。天池又叫龙潭,自古以来一直把它奉为神圣之地,长期流传着许多美丽动人的神话传说。近几年发现的"天池怪兽",在科学上仍是个谜,对游客有着极大的吸引力。其他几处"天池"、"龙湾"也各具特色,是国内火山口中的佼佼者。

(3)瀑布群:长白山水系发达,地形复杂,形成了很多瀑布。其中最著名的是长白山天池瀑布。它海拔2000米,是中国海拔最高的瀑布。还有梯云瀑布、紧江瀑布、白河瀑布等,它们形成环状瀑布群,为长白山增添了无穷的魅力。

(4)火山矿泉:长白山的温泉比较密集,主要有长白温泉群、梯云温泉群、天池湖滨温泉群等。其中长白温泉群水温高,泉孔多、流量大,开发前景十分广阔,这些温泉还具有较高的药用价值,可以治疗皮肤病、关节炎等症。长白山冷泉分布也很广,约有二三十处。这些矿泉富含矿物质与微量元素,经鉴定均为中国第一流矿泉。

除此之外,长白山区还有几处景物众多的溶洞以及"远望不见河、近闻有水声”的奇景“一线天”，以幽静、秀丽为特色的二道白河、三道白河、古洞河等水景，罕见的自然奇观谷底森林等，这些景观都是长白山独特的旅游资源。

2. 丰富的动植物资源

长白山区自然环境和生态系统比较完整，自然资源丰富，是祖国东北边疆的宝库。

(1)植物资源：有高等植物 1400 多种，其中国家珍稀濒危的保护植物有 17 种。

(2)动物资源：长白山动物种类众多，有兽类 50 多种，鸟类近 300 种，爬行类 12 种，两栖类 8 类，鱼类 50 多种。

合理利用这些动植物资源，可以丰富旅游内容。

3. 壮丽的冰雪风光

长白山冬季的冰雪风光具有诱人的魅力。银装素裹的群峰，瀑布下凝结的冰山，树枝上挂满的雾凇等，构成了壮观的北国冰雪风光。长白山远离工业城镇，空气纯净，雪质洁白，积雪厚度大，雪期长，再加上起伏的地形，是天然的冰雪体育娱乐场所。

4. 典型的垂直自然景观带

长白山从山下到山顶可以分为针阔混交林带、针叶林带、岳桦林带和高山苔原带 4 个不同的自然景观带。它们呈现出明显地、有规律地更替和生态分布的自然景观特征。山下已是春暖花开，山顶仍是冰冻雪封，在水平距离仅几十公里的范围内，游人可以目睹到从温带到极地几千公里的自然景观变化。

5. 历史文物古迹和民族风情

长白山区是人类活动较早的地区之一，保存了较多的历史文物古迹，主要种类有古城、古墓、古建筑、石刻、革命纪念地等。其中有 69 处已被列为国家、省和地方级保护单位。

延边是中国朝鲜族主要聚居的地区，是朝鲜族民族区域自治的地方。在这片美丽富饶的土地上，勤劳、勇敢、智慧的延边人民创造了悠久的历史和灿烂的文化，形成了独特的民俗风情。

自古以来，朝鲜族喜爱穿白衣素服，故有“白衣同胞”之称。朝鲜族一向认为彩虹是光明和美丽的象征。

朝鲜族喜欢文艺，能歌善舞，享有“歌舞之乡”的美称。上至白发苍苍的老人，下到天真可爱的儿童，在城镇街头或在农村田间，逢年过节、喜庆佳日、劳动余暇，到处可见载歌载舞的热闹场面。

朝鲜族是讲文明、讲礼貌、爱整洁的民族，崇尚尊老敬客、孝敬父母、恭敬老师，素有“礼仪民族”之称。

6. 富有特色的地方特产和风味食品

长白山区的地方特产种类繁多，有人参、鹿茸、鹿胆等名贵的药材；有野生浆果酿制的山葡萄酒、果汁等；有营养丰富、味道鲜美的山野菜和食用菌等山珍食品；有狐狸皮、紫貂皮等珍贵的毛皮；有蜂王浆、蜂蜜等各种蜂产品；还有利用当地独特的材料制成的各种工艺品等等。以上这些特产都深受国内外旅游者的欢迎，可以获得较大的经济效益。

风味食品主要是指富有浓郁地方特色和民族特色的朝鲜族食品，包括烤牛肉、打糕、狗肉汤、冷面以及辣白菜和各种泡菜。这些食品口味独特，受到人们的高度赞扬。

7. 边境贸易活跃，发展出入境旅游得天独厚

延边朝鲜族自治州位于中国东北吉林省的东部，地处中国，俄罗斯和朝鲜三国交界处，邻近日本海。东部与俄罗斯毗邻，边境线长 32.7 公里，南部与朝鲜接壤，边境线长 522.5 公里，是中国东北沟通内外的重要部位，是连接欧亚大陆的重要枢纽地区，是中国同朝鲜、俄罗斯、韩国、日本等国家往来最近的地区。延边距日本海仅 5 公里，珲春距离日本海沿岸的主要港口——俄罗斯的波谢特、扎鲁比诺、符拉迪沃斯托克(海参崴)，朝鲜的罗津、清津，韩国的束草、釜山，日本的新潟、秋田等港口，最近的仅有 42 公里，最远的也不超过 900 公里。而且从日本西海岸经延边州到俄罗斯赤塔一带，比经海参崴绕行西伯利亚铁路要缩短 1500 公里。

(二)旅游产业现状

1. 三大旅游品牌初步形成

以山水风光游、民俗风情游、边境贸易及跨国游为品牌的旅游产品体系初步形成。其中：

山水风光游：以长白山为主体，以延吉盆地为依托，以茫茫林海、无垠雪原和塞外风光为主要吸引物。

民俗风情游：延边是中国朝鲜族的主要聚居地区，朝鲜族具有悠久的历史，灿烂的文化，是能歌善舞，讲文明，讲礼貌，爱整洁的民族，朝鲜族歌舞、文化(尊重知识，尊重老人，妇女勤劳贤惠、服装鲜艳别致)、饮食(冷面、辣菜、打糕、韩国烧烤、狗肉等)、建筑等，都很有吸引力。

边境贸易及跨国旅游：沿图们江漂流而下直通日本海，观赏朝、俄风光；从各口岸出发，直达朝鲜重镇乃至首都平壤，或俄罗斯东方大港海参崴，领略异国情调，不仅惬意，而且便捷、便宜。

2. 旅游产业规模不断扩大

2001 年，延边旅游产业发展呈现良好态势，接待海内外游客 169.1 万人次，同比增长 8%，其中接待海外旅游者 17.1 万人次；实现旅游总收入 6.8 亿元，同比增长 11%；旅游总收入相当于全州 GDP 的 4.8%。2002 年接待国内外旅游者可望达到 186.8 万人次，增长 10%；实现旅游总收入 8.3 亿元，增长 22%；旅游总收入相当于全州 GDP 的 5.4%。

3. 旅游产品开发全面启动

延边已开辟了 7 个旅游开发区，包括长白山自然风光游览区、延吉民俗风情游览区、珲春边境风貌游览区、龙井历史遗迹游览区、图们江边城游览区、和龙龙王山游览区、敦化六顶山游览区；开通了 12 个旅游项目，即长白山风光游、长白山冬季游、满族发源地游、延边朝鲜族民俗游、中朝边境游、中俄边境游、图们江水上游、图们渤海古迹游、龙井历史遗迹游、和龙药物健身游、直升飞机航空游、打靶旅游；主要旅游景点有长白山风光、长白山天池、长白山瀑布、聚龙泉（温泉）、银环湖（小天池）、谷底林海（地下森林）、天女浴躬池（圆池）、鸟瞰三疆（防川风貌）、敦化正觉寺、和龙仙景台、雁鸣湖、龙井民俗博物馆、安图红旗村、图们桥头国门等。

（三）开发思路

延边旅游开发的总体思路是提高认识，实行科学规划与管理；突出特色，加快产品开发；适度倾斜，搞好重点项目建设。具体对策如下：

尽快编制《延边旅游规划》，推动重点项目开发进程，其中有长白山仙峰国家森林公园、长白山和平旅游度假区、延吉海兰湖民俗旅游度假区、安图古洞河休憩所等共 7 个项目。组织好中国朝鲜族民俗文化旅游节和以高山花卉、枫叶、冰雪为主要内容的长白山旅游节庆活动，同时加快发展边境旅游及跨国旅游。大力整顿旅游市场秩序，打击违规违法行为；加强旅游行业管理，在全州实行属地化管理；加快旅行社体制改革步伐；做好延吉市、珲春市创建全国优秀旅游城市的工作。

要进一步明确旅游业是延边的六大特色产业之一，“十五”期间更要重点发展。坚持“大旅游、大产业、大市场”的指导思想，把旅游业作为对外开放的先导产业，面向国际、国内两个市场，加快延边旅游资源的开发，实现旅游业的可持续发展。到 2005 年，接待海外游客 21 万人次，接待国内游客 280 万人次,实现旅游总收入11.8亿元。

加快旅游业建设步伐,提高旅游业综合配套的供给水平。按照“边建设,边保护”的原则,加强主要旅游城市、乡镇和景点区的大气环保工作,抓好主要旅游城镇、景区点、江河上游、道路两旁绿化美化,进一步提高延边森林生态覆盖率和植被覆盖率;重点抓好长白山污水垃圾处理以及长白山环境保护等旅游基础设施项目建设。

积极发展以认识大自然、享受大自然、爱护大自然为内容的生态旅游。充分发挥延边长白山自然风光、朝鲜族民俗风情和中、朝、俄边境风貌等旅游资源优势,围绕一山、一江、一村,把延边建成东北生态观光休闲旅游区、跨国商贸度假旅游区和中部民俗文化观赏旅游区。重点实施“244”工程,“2”即建设延吉和珲春2个旅游接待中心城市,“4”即4大旅游产品的开发——长白山自然景观以开发新景点和冰雪旅游项目为重点,使其成为全天候旅游区;边境旅游在现有的中朝、中俄直线往返的基础上,促进罗津与海参崴通航过客,尽早实现珲春—罗津—海参崴跨国环型旅游线;民俗风情游以深入开发高品位、参与性强的产品为方向,在特色上下功夫,实现民俗文化与旅游经济的结合;历史文化古迹旅游在保护的前提下,开发和利用好这一资源。第二个“4”即4条重要旅游线路,包括山江线路、山湖线路、山海线路、跨国线路。

巩固传统名牌旅游市场,充分利用资源优势,以度假、观光游为重点,发展以假日经济为主体的旅游经济;加快培育和发展旅游产品和商品市场,开发一批符合大众游客需求的新兴旅游产品,满足旅游客源市场多元化需求,进一步刺激旅游消费,吸引中外游客来延边旅游购物。

(四)近期重点建设项目

长白山仙峰国家森林公园;

延吉海兰湖民俗旅游度假区;

图们江跨国旅游设施建设及线路开发;

长白山和平旅游度假区;

安图古洞河休憩所等。

第十章　西部旅游业发展对策与保障措施

提　要

1.西部旅游可持续发展战略对策

(1)注意旅游资源与环境的开发、保护和科学管理；

(2)重视科技与文化的投入：

重视提高旅游产品的科技含量；

建立必要的旅游研究与科普机构；

加强旅游环境保护与整治技术的研制、开发与推广；

加快西部旅游业的信息化建设。

2.西部旅游发展战略的保障措施

(1)加强旅游业的宏观管理：

加大区域旅游发展的宏观协调力度；

重视建立完整的旅游规划体系，提高规划的权威性和实践性；

强化科学决策，提高项目论证与管理水平。

(2)进一步完善旅游投资配套政策：

继续坚持导向性投资与社会筹资结合，多渠道解决资金投入问题；

重视对旅游基础设施建设的持续投入；

支持旅游业进入资本市场融资。

(3)加快改善旅游业发展的宏观环境：

扩大对外开放政策，简化旅游入出境手续；

规范区域旅游交通市场，打破地域垄断和行业垄断，降低旅游交通费用；

加强与周边国家和地区的旅游合作，鼓励发展边境旅游；

广泛开展旅游方面的国际合作。

(4)加快建立有利于旅游业发展的创新体制：

加快旅游企业的体制改革和企业重组，显著提高旅游企业的市场竞争力；

加快旅游景区开发管理的体制创新；

建立规范的旅游市场运作规则，营造公平的市场竞争环境。

(5)注意发挥旅游业的综合带动功能。

(6)加强旅游队伍建设，重视旅游人才培养和旅游学科的建设。

一、西部旅游可持续发展战略对策

(一)注意旅游资源与环境的开发、保护和科学管理

西部地区比较脆弱的旅游生态环境条件特征决定了西部旅游资源开发和旅游业的发展，必须把旅游资源和生态环境保护置于优先地位，把可持续发展战略贯穿到旅游业发展的各个层面。

1. 加强产业协调，实现资源优化配置

注意加强与相关产业发展的协调，避免其他资源不合理开发对旅游资源的破坏，实现资源优化配置，经济、社会协调发展。

2. 关注生态保护，避免无序开发

注意对生态环境脆弱或敏感地区、内陆河湖及水库库区、自然保护区、历史文化遗产地等重点旅游景区的保护，划定旅游生态与景观环境保护范围，科学开发与科学管理。对暂不具备开发条件的旅游资源，要加强保护，避免盲目开发或无序开发。

3. 强化宣传引导

倡导科学文明旅游，促进旅游业的健康发展。

4 保护历史文化遗产，避免地方特色退化

注意挖掘、整理和保护地方文化遗产，保护文化多样性，避免受现代商品经济浪潮的冲击而使富有地方特色的民俗风尚、娱乐节庆活动退化。

(二)重视科技与文化的投入

旅游资源低水平重复开发，盲目建造低品位人造景观，是影响旅游业持续发展的重要原因，也是许多地区旅游发展中应吸取的教训。为此，西部地区旅游资源的开发不仅要重视资金投入，更应突出强调科技与文化投入，不断提高旅游业生产、管理科技水平和旅游产品的科技含量。

1. 重视提高旅游产品的科技含量

发掘和延伸现有旅游产品中的科普、文化内涵，提高旅游产品品位；有重

点地开发一批特色鲜明,集文化科普与娱乐于一体的旅游项目;编辑出版形式新颖、内容丰富、文化品位高的优秀导游词、解说词。

2. 建立必要的旅游研究与科普机构

针对涉及未来西部旅游业可持续发展和旅游资源可持续利用方面的一些重大问题进行超前研究,鼓励民间团体或组织参与西部生态保护和旅游科普活动。

3. 加强旅游环境保护与整治技术的研制、开发与推广

包括提高旅游生态环境质量的清洁卫生技术,提高景区(点)资源和环境的保护与修复技术,以及重点旅游区旅游资源、生态环境动态监测评估技术等。

4. 加快西部旅游业的信息化建设

利用多媒体和网络技术,建立覆盖面更大的旅游促销网络,提高促销力度。包括建设全面的旅游目的地信息系统,集查询、检索、预订等功能于一体,为游客提供食、住、行、游、购、娱、教七要素的综合信息。配合国家旅游局的"金旅工程",抓好现代信息技术手段的吸纳与网络的完善,实现自动化与网络化。重点抓好旅游统计网络、饭店预订网络、旅行社管理网络、旅游人才信息网络等。大力开发面向全球的酒店客房预订系统、电子旅游商务系统、旅游散客服务信息系统等旅游信息网络,推进数字旅游的建设。

二、西部旅游发展战略的保障措施

(一)加强旅游业发展的宏观管理

1. 加大区域旅游发展的宏观协调力度

发展与管理涉及到方方面面,有赖于多部门的支持和协调。为强化西部各省(区)市旅游业的宏观管理,要在国务院西部开发办的统一协调下,会同国家旅游局等有关部门,就西部旅游业发展过程中不断出现的一些重大问题进行跨部门、跨省区的协调,包括消除旅游资源开发中的体制障碍、跨省(区)旅游产品经营、区域旅游交通组织协调以及旅游企业或外资企业跨省区兼并、合资,组建大型旅游企业集团等。各省(区)市政府也要重视发挥组织协调作用,建立健全旅游产业发展的指导和协调机构,调动各方面的积极性,形成政府机构上下联动、社会广泛支持旅游业发展的宏观环境。

2. 重视建立完整的旅游规划体系,提高规划的权威性和实践性

旅游规划与设计是事关旅游业长远发展的重要基础性工作,是完善旅游产业结构、产品结构和地区结构的决定性因素。要在编制西部三大旅游区和各省区市旅游规划的基础上,进一步编制好重点景区(点)和旅游产品的规划设计。尤其是长江三峡、茶马古道、唐蕃古道、南北丝绸之路、渝黔川金三角、澜沧江—湄公河等跨省(区)市、跨国的重点旅游线路和旅游区的协调规划,应由西部开发办和国家旅游局直接参与并在资金方面给予支持。

要着力提高旅游规划的严肃性和权威性,提高项目策划水平。旅游规划评审通过后,要经过人大会议和党政联席会议批准实施。而旅游规划一旦经过评审、批准,将具有法律效力,不得随意改动。把旅游规划组织好,实施好,是地方政府和旅游管理部门的责任和义务。

3. 强化科学决策,提高项目论证与管理水平

西部地区正处于旅游业大发展的前期。鉴于旅游投资的特殊作用,加强对旅游投资管理、特别是旅游国债的投资管理,对西部地区旅游业的长远发展具有重要意义。为此,首先要切实提高论证水平,达到可行性研究报告的深度;其次是严格项目的审批,凡旅游建设项目,均需先征求同级旅游管理部门同意后,再报计划部门审批。要加强对社会资金的引导,不能为引进资金而疏于管理,更不能由投资者随意兴建。尤其要防止同类项目在区域范围内的重复性建设。坚决杜绝边设计、边施工、边修改的"三边"工程。论证要深,管理要严,手段要硬,是切实提高旅游投资的管理水平的关键。

(二)进一步完善旅游投资配套政策

1. 继续坚持导向性投资与社会筹资结合,多渠道解决资金投入问题

稳定的导向性资金投入是旅游精品开发和有效使用社会资金的重要保证。从近两年的旅游国债实施情况来看,旅游国债对引导社会资金,促进重点旅游资源开发起到了良好的牵动作用,并开始显现出巨大的效益。为此要求:(1)逐渐扩大全国旅游国债投放规模,并将投资重点向西部省(区)市倾斜;(2)西部各省(区)市应积极筹建旅游发展基金,建立稳定、合理的导向性资金渠道,用于引导精品项目的建设;(3)坚持社会化、市场化的旅游投资方针,制定鼓励旅游开发的优惠政策,扩大招商引资和吸引社会闲散资金的力度;(4)"放水养鱼",在重点旅游景区、旅游扶贫示范区、生态旅游示范区、旅游度假区建设的起步阶段,可以参照高新技术开发区政策,设立2~3年的资金封闭积累期,以提高其调控能力和自我滚动发展能力。

2. 重视对旅游基础设施建设的持续投入

交通不畅、重点旅游景区(点)基础设施短缺,是严重制约西部地区旅游业和其他产业发展的“瓶颈”。考虑到旅游业具有扶贫、扩大就业、改善地方发展环境和促进生态环境保护等多方面的功能，建议国家在西部投资项目安排上，尽可能将交通、通讯等基础设施建设、生态建设、扶贫项目等专项资金的投放与旅游发展项目捆绑运作，最大程度地发挥投资的经济效益和社会效益。除了目前用于西部重点旅游项目的前期准备和旅游公共设施建设的专项资金外，还要通过国家预算，加大对西部旅游的专项补助范围和强度，尤其是对老、少、边、穷且旅游资源丰富的地区的补贴、对治理和改善西部生态环境的专项补助。

3. 支持旅游业进入资本市场融资

旅游企业进入资本市场是必然的趋势，也是提升旅游业发展质量、提高旅游企业市场竞争力的重要举措。为此，要求：(1)积极支持符合条件的旅游企业通过上市发行股票等方式进入资本市场融资；(2)鼓励民营、集体、外资等其他经济成分企业参与旅游业发展，逐步形成多元化的旅游投资格局；(3)为减缓重点旅游景区旅游旺季的生态环境压力，要积极探索建立规范的价格运作机制，支持重点旅游景区合理运用价格杠杆调节旅游市场需求，有序引导旅游淡旺季的游客流向、流量，并为旅游资源和生态环境的保护与修复积累资金。

(三)大力改善旅游业发展的宏观环境

1. 扩大对外开放政策，简化旅游入出境手续

进一步开放边境旅游和省会口岸城市落地签证政策，简化旅游签证手续。西部地区发展边境跨国旅游具有巨大优势，开放西部省会口岸城市，培育西部国际旅游航空港，是加快西部地区旅游产品进入国际市场的有效手段。为此，要求：(1)简化大陆居民进入毗邻边境地区的旅游证件；(2)逐步简化港澳台同胞到与我国毗邻国家的边境地区旅游、第三国旅游者到与我国毗邻边境地区后的再次入境旅游的出入境证件，并出台与之相适应的外汇收付政策；(3)适当开办西部省会口岸城市的落地签证业务；(4)基于新的安全评估，进一步扩大西部地区的开放市县数量，特别是要优先开放各省区重点旅游资源附近的市县。

2. 规范区域旅游交通市场，打破地域垄断和行业垄断，降低旅游交通费用

受经济利益驱动，目前西部地区旅游交通市场组织比较混乱，多头管理、违规经营现象十分普遍，不仅影响了西部地区的旅游环境和旅游形象，而且也不同程度地增加了旅游者的交通成本。为此，要求：(1)规范旅游交通市场，建立旅游旺季交通价格听证制度，在合理盈利范围内，努力降低旅游者的交通成本。(2)对于跨省区(如三峡地区等)重点旅游线路的旅游交通(旅游车、船等)要努力建立部门与地方之间的统一协调管理和运作机制。(3)考虑西部航空支线发展的实际情况，国家对西部航空支线运营企业将给予更多的政策扶持，使其能够在保持合理利润的条件下降低运营成本和机票价格。

3. 加强与周边国家和地区的旅游合作，鼓励发展边境旅游

要充分认识到西部沿边省区发展边境跨国旅游的独特优势，积极支持边境地区开展多种形式的边境旅游。为此，要求：(1)在保障国家安全和边境稳定的前提下，遵循国际惯例，积极消除开展边境旅游的制度障碍，简化边境旅游手续。(2)积极主动地与周边国家或地区寻求边境旅游资源(包括国家河流及界河)的合作开发途径，并给予政策方面的优惠。(3)将边境旅游与边境贸易发展结合起来，促进边境地区经济发展和社会进步。

4. 广泛开展旅游方面的国际合作

加入 WTO 后，要求旅游业发展要与国际接轨，通过鼓励开展多层面、多种形式的国际合作，广泛借鉴国际旅游业发展与管理的经验和教训，有利于提高西部地区旅游业发展的整体素质。为此，要求：(1)加强旅游区规划与管理方面的国际合作，特别是要鼓励借鉴或引进旅游区生态环境保护与修复方面的技术与管理经验等。(2)加强旅游企业方面的国际合作，包括逐步建立国际旅游营销合作网络，合作培养旅游管理人才，共同开发跨国旅游资源等。(3)鼓励旅游企业、旅游景区加入各种国际旅游认证组织，如国际绿色环球认证标志等。(4)鼓励开展旅游研究方面的合作。

(四)加快建立有利于旅游业发展的创新体制

1. 加快旅游企业的体制改革和企业重组，显著提高旅游企业的市场竞争力

针对西部地区旅游企业数量多、规模小、市场竞争力普遍较弱的问题，迫切需要采取有效措施推动旅游企业的改革步伐。为此，要求：(1)按照现代企业制度的要求，推动大中型国有旅游企业的改制重组，组建大型旅游企业集团，并建立规范化的国有资产监督机制和责任制度，显著增强其市场竞争力。(2)积极创造条件，包括鼓励东部优秀旅游企业通过合资合作、股份合作或兼并等方式参与组建跨省区的综合性旅游集团、旅行社集团、旅游饭店管理公司等专业化集团，发挥管理优势和品牌优势，逐步实现区域性的网络化规模经营。(3) 采取多种形式推动中小旅游企业改革，鼓励多种经济成分参与旅游业的发展，积极扶持中小企业向经营专门化、市场专业化的方向发展。

2. 加快旅游景区开发管理的体制创新

推进旅游景区(点)管理和经营体制改革,继续探索按照政企分开、事企分开、所有权与经营权、管理权分离的途径,推进旅游景区(点)开发管理的体制改革。在符合国家有关政策法规、有利于加强自然和人文资源保护的前提下,根据景区(点)的特点,采取合资、独资、合作、租赁、承包和出让开发权等方式,吸引投资、搞活经营。考虑目前国内关于出让景区(点)经营权以及由此带来的文物及环境保护等具体问题,建议国家有关部门按照"三权分离"的构想,尽快起草、颁布相关管理法规,在允许投资商取得景区(点)一定期限内的整体开发经营权的同时,加强对景区规划建设监督管理执法力度,确保景区(点)的永续利用和可持续发展。

比照高新技术开发区,建立旅游经济开发区。在资源价值高、规模大、适宜成片开发的景区,设立旅游经济开发区,行使特定的管理权限,区内的用地、建设、规划,旅游资源的开发、利用等,统一由管委会报上级政府批准后由管委会组织实施。这既可以彻底打破条块分割、多头管理的旧体制,又可以使区内的各项资源得到高效、优化配置,形成规模效益。

3. 建立规范的旅游市场运作规则,营造公平的市场竞争环境

公平的市场竞争环境是开放引资、规范发展西部旅游业的重要保障,由于西部一些省(区)市旅游发展时间不长,观念相对落后,目前西部旅游市场分割与地方保护问题比较突出。为此,要求:(1)国家和各省(区)市应尽快出台相应的管理法规,并加大联合执法、监督力度;(2)注意协调地方利益与外来企业的关系,保障外来企业获得公平的竞争环境和合理利益。(3)重视对旅游统一市场的建立,在消除地域障碍的同时,要着力培育包括旅游客源市场、旅游产业供给市场和旅游要素市场(资金市场、技术市场、人才市场和信息市场)。

(五)注意发挥旅游业的综合带动功能

1. 树立大旅游观

围绕食、住、行、游、购、娱、教旅游七大要素的协调发展,带动旅游农业(特产农业、鲜活农业和观光农业)、旅游商业(旅游食品、旅游用品和旅游纪念品)和旅游工业、旅游建筑业等相关产业的发展。

2. 以旅游带动城市功能的转化、社会的进步

把旅游业发展与强化城市功能、优化投资环境、塑造西部地区形象、促进城市繁荣有机结合起来,全面推进西部地区的经济发展和社会进步。

3. 以旅游促进西部秀美山川蓝图的实现

注意把旅游发展与扶贫、生态保护与恢复、国土整治结合起来，再造西部秀美的山川。

（六）加强旅游队伍建设，重视旅游人才培养和旅游学科的建设

建立高素质的旅游从业人员队伍，是保障旅游业长远发展的关键因素。针对目前西部地区旅游人才短缺、从业人员素质参差不齐的状况，充分利用西部地区高校院所的人才培训资源，整合组建多种形式的旅游人才培训基地与培训网络。

1. 完善专业设置，重点培养中高级人才

引导和支持大中专院校开设旅游行业发展方面急需的专业知识课程，促进西部地区旅游业在育人和用人方面全面接轨，培养新型的中高级专门人才。

2. 多渠道集资办学，提高教学质量和效益

鼓励建设旅游培训中心，多渠道筹措资金，改善目前培训机构的软硬件环境，扩大人才培训能力，提高人才培训质量和效益。

3. 充实教师队伍，提高师资质量

加强旅游师资队伍建设，形成自我发展的良性循环机制，为西部培养更多更优秀人才。

4. 组织高层次的旅游科研队伍，促进旅游学科的建立，提高旅游科研的地位

要对旅游科学系统进行梳理，明确专业学科的方向，建立对应的科研机构，解决重大的旅游难题，为高层的决策提供咨询服务，为旅游的大发展提供可靠的保障。

责任编辑：许晓海
责任印刷：李崇宝

图书在版编目(CIP)数据

西部开发旅游发展战略/《西部开发旅游发展战略》课题组著. 北京：中国旅游出版社，2002.9

ISBN 7-5032-2062-7

Ⅰ. 西… Ⅱ. 课题组 Ⅲ. ①旅游业—经济发展战略—研究—西北地区 ②旅游业—经济发展战略—研究—西南地区 Ⅳ. F592.7

中国版本图书馆 CIP 数据核字(2002)第 072145 号

书　　名：西部开发旅游发展战略
编　　者：《西部开发旅游发展战略》课题组
出版发行：中国旅游出版社
(北京建国门内大街甲九号　　邮编：100005)
http://www.cttp.net.cn
E-mail: cttp@cnta.gov.cn
印　　刷：北京市 1201 印刷厂
版　　次：2002 年 9 月第 1 版
2003 年 3 月第 2 次印刷
开　　本：787 毫米×1092 毫米　1/18
印　　张：9.5
字　　数：160 千
印　　数：2071—5320 册
定　　价：30.00 元

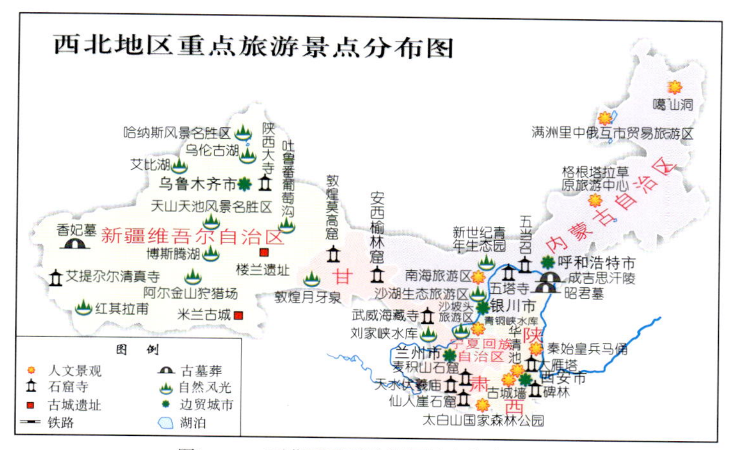

图1　　西北区重要的景区景点分布图

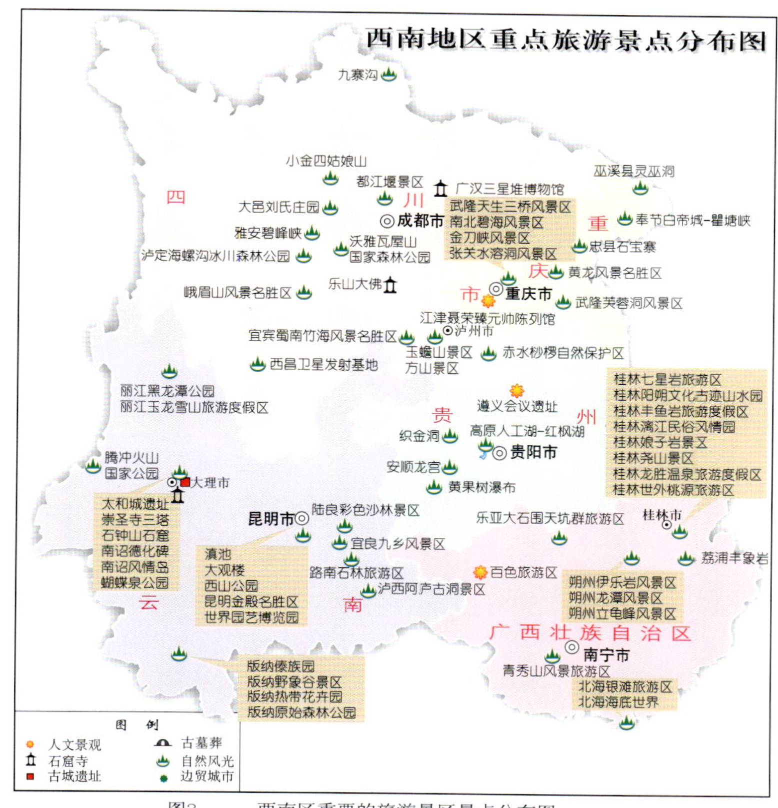

图2　　西南区重要的旅游景区景点分布图

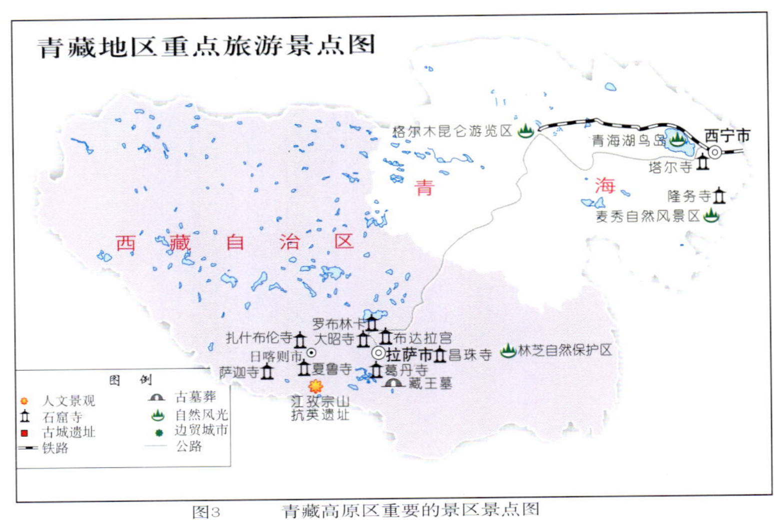

图3　　青藏高原区重要的景区景点图

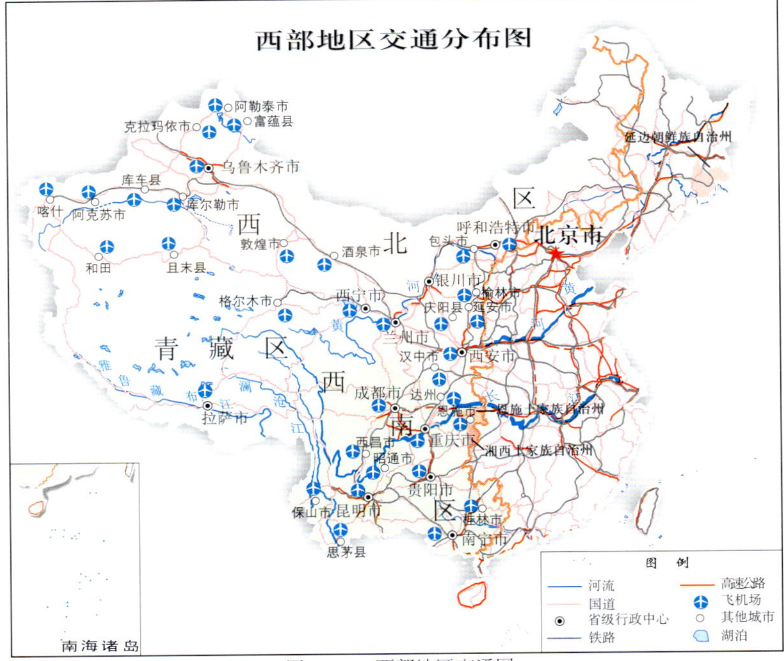

图4　　西部地区交通网

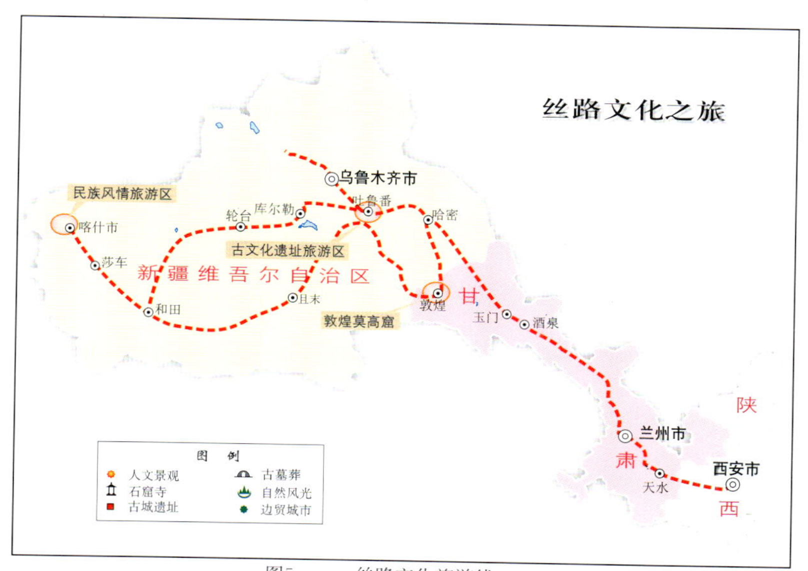

图5　　丝路文化旅游线

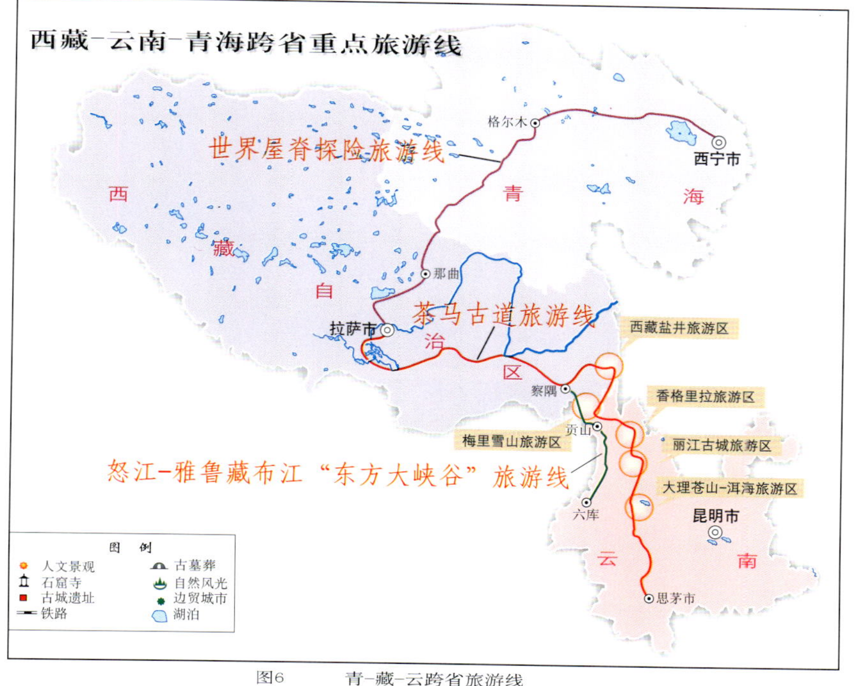

图6　　青-藏-云跨省旅游线

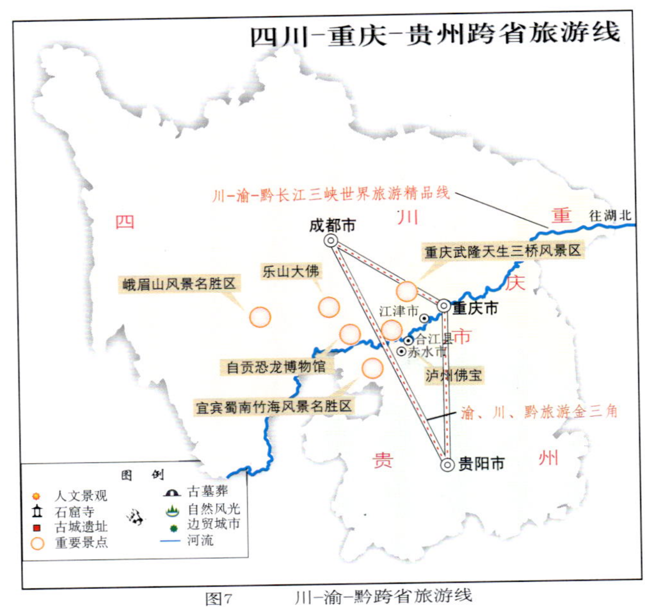

图7　　川-渝-黔跨省旅游线

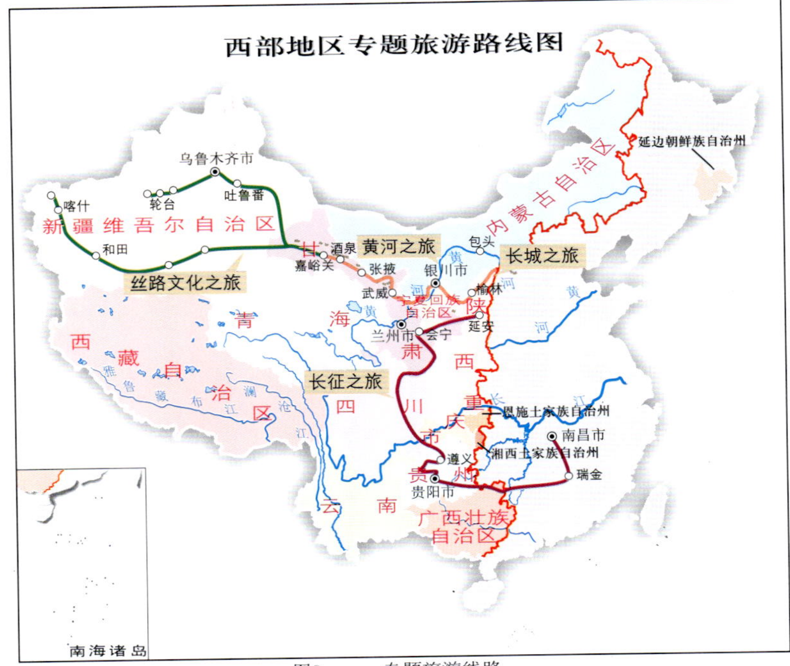

图8　　专题旅游线路